우주에는
환상적인 사실과 숫자들이
날뛰고 있어! ❷

No Way! The Wildest Mind-Blowing Facts in the Universe
by Dan Marshall
First published by Pantera Press Pty Limited.
Copyright ⓒ 2021
All rights reserved.
This Korean edition was published by to EK BOOK, INC., in 2023
under license from Pantera Press Pty Limited
arranged through Hobak Agency.

이 책은 호박 에이전시(Hobak Agency)를 통한 저작권자와의 독점계약으로 이케이북㈜에서 출간되었습니다.
저작권법에 의해 한국 내에서 보호를 받는 저작물이므로 무단 전재와 복제를 금합니다.

우주에는 환상적인 사실과 숫자들이 날뛰고 있어!

댄 마샬 지음 · 김지원 옮김

② 인간과 동물

이케이북

반가워

모두 반가워,

내 이름은 **클라우스**야.
지식 교육 및 설명 시스템이지.
네가 이 책을 들고서
짜릿한 여행을 떠나기로 결심해서
난 정말이지 굉장히 기뻐!

이 책에는 우리 주변의
기이하고 경이로운 세상에 관한
놀라운 사실들이 굉장히 많아.
너에게 이 사실들을 알려주고,
또 네가 다른 사람들에게 이런 걸 알려주길
난 굉장히 기대하고 있어!
서로 나눈다는 건 애정의 표현이거든.

네가 흥미진진하고 새로운 사실들을
머릿속에 가득 집어넣기 위해서는
뇌를 열심히 혹사하는
꽤나 힘든 작업이 필요할 거야.
하지만
생각보다 흥미로울 거고
네가 이 우주를 탐험할 동안
내가 항상 옆에서 도와줄 거야!

좋았어, 이제 가보자!

차례

반가워
4

**1부
인간**

- 어떤 사람들은 소리를 보고 색깔을 들어 12
- 우리는 꿈을 마음대로 조종할 수 있어 14
- 우리의 뇌는 우주 같아 16
- 서로 떨어져서 자란 일란성 쌍둥이는 함께 자란 일란성 쌍둥이와 마찬가지로 닮았어 18
- 우리는 모두 돌연변이야 20
- 우리는 다른 원자들을 생각하는 원자 집합체야 22
- 78억 지구에 사는 모든 사람 24
- 우리가 가진 감각은 5개가 넘어 26

- 우리가 하품을 하는 이유는 수수께끼야 **28**
- 사람의 심장은 평생 30억 번 이상을 뛰어 **30**
- 인간은 어떤 동물보다 오래 뛸 수 있어 **32**
- 인간은 물속 생활에 적응하는 중이야 **34**
- 정신이 몸을 치료할 수 있어 **36**
- 인간은 어둠 속에서 빛이 나 **38**
- 전 세계 인구의 3분의 1만이 우유를 마실 수 있어 **40**
- 우리 뇌는 코를 무시해 **42**
- 우리 뱃속에 세균이 있고 우리 뇌와 대화를 해 **44**

2부
동물

- 유인원과 원숭이가 석기시대에 들어섰어 48
- 갯가재는 세계에서 펀치가 가장 빠르고 가장 강력해 50
- 벌은 보이지 않는 것도 볼 수 있어 52
- 브론토사우루스는 두 번 멸종한 유일한 공룡이야 54
- 거미는 1년 안에 지구상의 모든 인간을 먹을 수 있어 56
- 지구의 동물 넷 중 하나는 딱정벌레야 58
- 상어에 물려 죽을 확률보다 자동판매기에 깔려 죽을 확률이 더 높아 60
- 고양이는 사람한테만 "야옹" 하고 울어 62
- 돌고래는 사람이 아니지만, 사람이야 64
- 돼지는 위를 볼 수 없어 66

찾아보기 88

잘 가 90

- 부엉이 다리는 길어 68
- 지구상에 존재하는 가장 큰 동물은 포도보다 큰 건 삼키지 못해 70
- 모든 개의 공통 조상은 회색늑대야 72
- 개미는 지구를 정복했어 74
- 코알라의 지문은 인간이랑 거의 같아 76
- 까마귀는 절대로 얼굴을 잊어버리지 않아 그리고 원한도 잊지 않지 78
- 젖소에겐 절친이 있어 80
- 어떤 동물들은 거의 평생 잠만 자 82
- 웜뱃은 주사위 똥을 싸 84
- 바다거북은 아주아주 오랫동안 우리 곁에 있었어 86

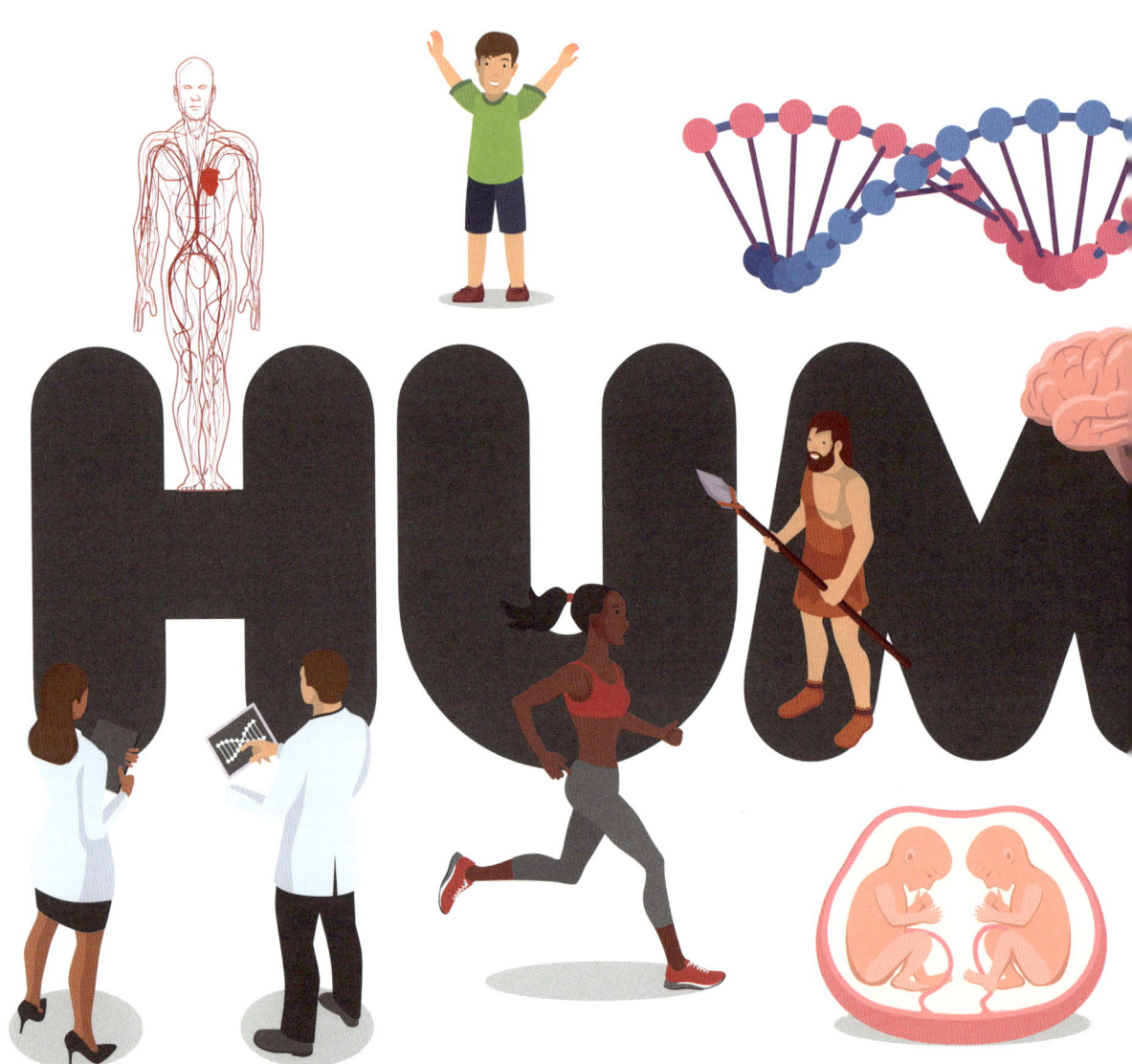

1부 인간

인간

어떤 사람들은 소리를 보고 색깔을 들어

피아노 소리를 들을 때마다 누가 두피를 마사지하는 느낌이 든다고 상상해봐. 아니면 고양이를 보면 땅콩잼 맛이 느껴진다든가, 월요일은 밝은 오렌지 색깔로 보인다든지 말이야. 이 모든 이야기가 굉장히 엉뚱하게 들릴 수도 있지만, 공감각이라는 게 있는 사람에게는 지극히 평범한 일이야.

공감각은 뇌가 감각을 뒤섞어놓은 상태를 말해. 보통은 부모로부터 유전되지만, 그 외의 경우에는 왜 이런 특성이 생기는지 아직 밝혀지지 않았어! 공감각을 가진 사람들은 다른 누군가가 말을 해주기 전까지는 자신들이 남들과 굉장히 다르다는 걸 전혀 모르기도 해.

음악을 본다면

모차르트는 공감각을 갖고 있던 것으로 보여. 음조를 색깔로 설명하곤 했거든. 모차르트에게 라장조는 따뜻한 오렌지색, 내림나단조는 검은색 '소리'였어. 곡을 쓸 때 모차르트는 심지어 여러 가지 음을 각기 다른 색깔로 표시하기도 했어!

초능력과 비슷해

공감각은 초능력이랑 비슷해. 슈퍼 히어로들이 각각 다른 힘을 갖고 있다는 거 다들 알지? 공감각에도 여러 가지 종류가 있고, 제각기 독특한 특성을 갖고 있어.

색환각은 색깔과 소리를 일치시키는 경우야. 이 사람들은 개가 짖는 소리를 듣고서 빨간색을 떠올릴 수도 있어. 색환각을 가진 사람들은 종종 완벽한 청음이 가능해.

문자소-색채 공감각을 가진 사람들은 글자나 숫자를 특정한 색깔로 봐. 이 사람들은 글자가 막 뒤섞인 종이를 봐도 각각의 숫자를 그 즉시 골라낼 수 있어. 각각 다른 색깔로 보이니까.

공간-배열 공감각은 숫자열을 허공의 점으로 보는 거야. 이건 앞으로 일어날 일이 3차원 지도로 보이는 것과 비슷해.

공감각 중에서 제일 신기한 것 중 하나는 거울-촉각 공감각이야. 이게 있으면 사람들을 쳐다만 봐도 그 사람들의 기분을 알 수 있어! 이런 마음을 읽는 능력(과 비슷한 것)을 가진 사람들이 강한 감정이입을 하는 건 당연한 얘기겠지?

공감각
0123456789

이게 공감각을 가진 사람들이 글자와 숫자를 보는 방식이랑 비슷해.

인간

우리는 꿈을 조종할 수

꿈에서 꾸는 꿈

꿈에서 깨서 하루를 보내다가 뭔가 이상한 일이 일어나는 바람에 네가 아직도 꿈을 꾸는 중이라는 걸 깨달은 적이 있어? 이걸 '가짜 깨기'라고 해. 두 번째로 깨어나기 전에 겪은 모든 게 실은 아직 꿈속의 일이었던 거야. 어떤 사람들은 심지어 꿈속에서 다시 꿈을 꾸기도 하고, 진짜로 깨어나기 전에 여러 번 가짜 깨기를 겪을 수도 있어.

마음대로 있어

꿈을 꾸는 도중에 꿈을 꾸고 있다는 걸 깨달을 때가 있어? 만약 그렇다면 자각몽을 꾼 거야! 자각몽은 네가 꿈을 꾸는 중이라는 걸 알고, 등장인물과 내용, 심지어는 배경까지도 조종할 수 있는 경우를 말해.

어떤 사람들은 심지어 매일 밤 자각몽을 꾸는 훈련도 할 수 있어. 나는 기분을 느끼고 싶어? 문제없어! 그냥 제트기처럼 하늘로 슝 솟아오르면 돼.

인간은 인생의 3분의 1을 잠으로 보내고 꿈을 꾸는 데 약 6년 정도를 소비한다고 해. 다른 세상에서 2100일 이상을 보내는 거지!

같이 해볼까?
침대 옆에 꿈 일기를 놔두고 잠에서 깨서 기억이 사라지기 전에 빨리 내용을 적어봐! 기억하는 것 중에서 가장 흥미진진한 꿈은 뭐였어?

만들어내기

모든 사람이 잠을 자고 모든 사람이 꿈을 꾸지만, 모두 꿈을 기억하는 건 아니야. 우리가 꿈을 꾸는 이유는 아직도 인생 최대의 수수께끼 중 하나야. 잠을 자면 육체적으로 최상의 상태로 돌아간다는 건 알지만, 왜 우리가 캐릭터와 이야기까지 있는 자세한 세상을 머릿속에 만들어내는지는 여전히 알지 못해.

2개의 정신

정신이 꿈을 만들어내고 그다음엔 거기서 일어나는 일에 깜짝 놀란다는 건 좀 이상한 일이야. 악몽을 꿀 때 뇌가 직접 무서운 장면을 만들었으면서 그 장면에 겁을 먹는 것처럼 말이지!

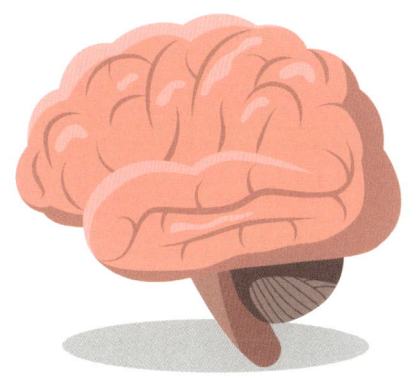

인간

우리의 뇌는 우주 같아

우리의 뇌는 온 우주에서 가장 대단하고 놀랍고 복잡한 기관이야. 뇌에는 대략 860억 개의 뉴런이 있어. 뉴런이라는 건 네 뇌에서 신경까지 화학적·전기적 신호로 소통하는 방식으로 네 온몸에 메시지를 보내는 임무를 맡은 신경세포야.

100조

뇌에는 100조 개의 시냅스가 있어. 시냅스는 신경접합이라고도 하는데, 신경세포들이 서로 소통하는 곳이야.

두뇌 발전소

인간의 뇌는 깨어 있을 때 대략 23와트의 힘을 생성하는 능력이 있어. 이건 전구를 켤 수 있을 정도의 힘이야.

우리의 뇌에는 통증 수용체가 없어. 이 말은 어떤 통증도 느끼지 못한다는 뜻이야. 사람들이 뇌수술을 받을 때 기술적으로 뇌는 어떤 것도 느끼지 못해.

뇌는 73%가 물이야

시속 431km

우리 뇌에서 메시지는 최대 시속 431킬로미터로 전달돼. 우리 뇌의 메시지는 경주용 차보다 빨리 움직일 수 있는 거야!

한 모금 꿀꺽

물을 마시는 건 우리 몸을 위해서, 특히 우리 뇌를 위해서 우리가 할 수 있는 제일 좋은 행동 중 하나야. 수분이 부족할 때 우리 뇌에서는 굉장히 무시무시한 일이 벌어져. 주의력과 기억력이 영향을 받고, 복잡한 행동은 물론 아주 쉬운 일을 처리하는 능력에도 문제가 생겨.

절반만 있어도 충분해

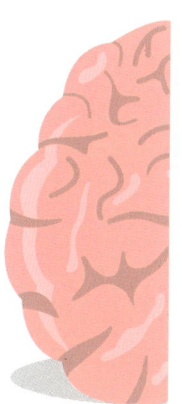

뇌반구 절제라는 건 발작을 치료하기 위해서 뇌의 절반을 수술로 제거하거나 사용하지 못하게 만드는 거야. 이 처치는 환자의 성격이나 기억, 유머 감각에는 전혀 나쁜 영향을 끼치지 않아!

인간

우주에 간 쌍둥이

과학 연구와 발견을 할 때는 종종 통제군과 실험군이 필요해. 쌍둥이는 완벽한 실험군과 통제군 대상이야. 아주 많은 특성을 공유하니까. 실제로 과학자들은 쌍둥이 중 한 명을 국제 우주 정거장에 340일 동안 보내고서 지구에 남아 있는 다른 한쪽과 비교해서 몸이 어떻게 변하는지를 계속 관찰했어. 그 결과 우주에 머무른 쌍둥이 쪽은 유전자 활성이 크게 차이 나고, 이마의 피부가 더 두꺼워지고 안구 모양이 약간 달라졌대.

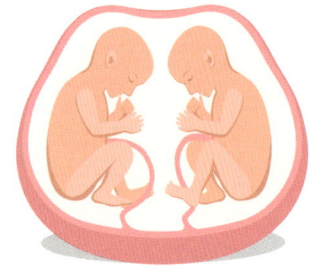

소셜 네트워크

쌍둥이는 엄마의 자궁 속에서 처음 서로 교류해. 심지어는 자궁 안에서 형제의 머리와 등을 쓰다듬는 모습도 관찰됐어.

서로 떨어져서 자란 일란성 쌍둥이는

지문의 모양

일란성 쌍둥이는 유전학적으로 똑같지만, 지문은 똑같지 않아. 그래도 같은 유전자 때문에 지문의 모양이 비슷해.

쌍둥이 암호

크립토페이시아Cryptophasia는 쌍둥이가 대체로 어릴 때 서로 이야기하기 위해서 만들어내는 특수한 언어를 부르는 말이야. 이 비밀 언어는 다른 사람들은 알아들을 수가 없대!

함께 자란 일란성 쌍둥이와 마찬가지로 닮았어

서로 떨어져서 자란 100쌍 이상의 일란성 쌍둥이들을 연구한 과학자들은 쌍둥이가 함께 자라지 않았어도 여전히 놀랄 정도로 닮았다는 결과를 밝혀냈어. 이 쌍둥이들은 다들 성격과 태도, 기질도 비슷하고, 관심사도 같았대.

인간

우리는 모두 돌연변이야

돌연변이는 영화나 만화책에 나오는 슈퍼 영웅이나 무시무시한 괴물 같은 게 아니야. 돌연변이는 그냥 유기체의 유전 형질이 바뀌는 거고, 우리 몸에서 매일 같이 일어나. 우리 모두 돌연변이인 거야!

돌연변이는 우연히 일어나는 변화이고, 우리의 경우에 바뀌는 물질은 우리 DNA야. 우리 DNA가 복제되는 동안 또는 화학물질이나 방사선에 노출되는 경우에 돌연변이가 일어날 수 있어. 돌연변이가 일어나지 않는다면 지구상의 생명체들은 여전히 36억 년 전에 존재했던 점액질 상태였을 거야. 생명체는 10억 년 동안 점액질 형태로 살다가 돌연변이가 일어나면서 빠르게 진화가 시작되었지. 이렇게 시간이 흐르며 우리 DNA가 변화했고 그래서 오늘날 이 책을 읽는 네가 만들어진 거야.

청사진

디옥시리보핵산(이 긴 이름이 어렵다면 그냥 DNA라고 해도 돼)은 생명의 구성요소야. 이건 비틀린 사다리 모양처럼 나선형으로 배열된 2개의 긴 분자로 이루어져 있고, 흔히 이중 나선 구조라고 불러.

DNA는 네 몸의 모든 세포핵에 존재해. 여기에는 유전 정보가 들어 있고 특정 유기 생명체가 자라고, 복제하고, 기능하는 데 필요한 지시사항이 담겨 있어. DNA를 어디 빼놓고 다니지 마!

날 막지 마

인간은 세월이 흐르는 동안 계속 변이를 했고, 앞으로도 계속해서 변이를 하게 될 거야. 이런 변이가 일어나는 속도는 점점 느려지고 있지만 말이야. 이제는 우리와 가장 가까운 동물인 침팬지가 인간보다 더 많은 변이를 일으켜.

우리 친구 침팬지

침팬지는 유전적으로 인간과 가장 가까운 친척이야. 침팬지는 우리 DNA와 거의 99%가 동일하고, 우리처럼 노는 걸 좋아하고, 감정이 있고, 지능이 높고, 그리고 육체적으로도 우리와 아주 비슷해.

지름: 100억 km

펼쳐놓기

우리 몸에 있는 모든 DNA 분자를 처음부터 끝까지 죽 펼쳐놓으면 태양계 지름의 두 배 길이가 될 거야! 우리 몸 안에는 DNA가 무려 200억 킬로미터나 들어 있다고!

0.1%만 달라

사람들 각각은 지구상의 다른 모든 사람과 유전적으로 99.9%가 똑같아. 우리 유전자에서 그 작디작은 0.1%의 차이가 우리의 눈 색깔부터 나이 들었을 때 어떤 병에 걸릴지까지를 전부 결정하는 거야.

인간

우리는 다른 원자들을 생각하는 원자 집합체야

우주의 모든 것은 밤하늘의 별부터 발밑의 땅, 심지어는 우리 발까지도 전부 원자로 이루어져 있어! 원자는 우리 세계의 기반이야. 원자는 굉장히, 굉장히, 굉장히 작고, 그보다 더 작은 입자들로 구성되어 있어. 우리는 사실 원자들의 커다란 집합체일 뿐이야. 그 원자들은 다른 원자 집합체들에 관해 생각하며 살아가고 있지.

엄청나게 조그만 크기의 원자를 한번 상상해봐. 그리고 원자 하나하나가 서로 달라붙어 머리카락 지름의 50만 분의 1만큼밖에 안 되는 크기를 만드는 걸 생각해봐.

○ 전자는 3개의 입자 중에서 가장 작고, 음전하를 띠고 있어.

● 중성자에는 전하가 없어.

● 양성자는 양전하를 갖고 있어.

주위를 빙빙

핵은 원자의 한가운데에 있고, 양성자와 중성자로 이루어져 있어. 전자는 핵을 둘러싼 껍질 주위 궤도를 따라 빙빙 돌아.

무우우지 많아

우리 몸의 원자는 굉장히 작기 때문에 실제로 한 사람을 만드는 데는 엄청 많은 수의 원자가 필요해. 성인 한 명은 7,000,000,000,000,000,000,000,000,000개의 원자로 이루어져 있어. 이건 원자 $7×10^{27}$개야!

물로 된 몸

우리 몸의 99%가량은 수소, 탄소, 질소, 산소 원자로 이루어져 있어. 그리고 어른의 몸에서 최대 60%가 물로 이루어져 있지. 다시 말해서 수소와 산소 원자만 있다는 뜻이야.

빈 곳을 채워봐

원자핵은 그걸 둘러싼 원자 크기의 10만 분의 1 정도야. 원자가 축구장 크기라고 상상해보면, 핵은 경기장 한가운데에 있는 모기만 하다는 거지! 원자와 핵의 크기 차이 때문에 안에는 빈 곳이 굉장히 많아. 우리의 원자 안에서 그 텅 빈 공간을 전부 없애버리면, 각설탕 하나 안에 인류 전체를 다 집어넣을 수도 있을 거야!

흔한 수소

수소는 우주에서 가장 흔한 원자야. 우리은하에서 약 4분의 3이 수소 원자거든!

인간

78억 지구에 사는 모든 사람

계속 늘어나는 인구

지구를 고향이라고 부르는 사람들은 이미 엄청나게 많은데, 매년 더 늘어나고 있어. 세계의 인구는 매년 1.10%씩 늘어나는데, 이건 대충 8300만 명 정도야. 전 세계 인구는 2030년에는 86억 명, 2050년에는 98억 명, 2100년에는 112억 명에 달할 거라고 예상돼. 콩나물시루 같겠지?

지구에 사는 사람들을 한 변이 785m인 상자에 전부 넣을 수 있어

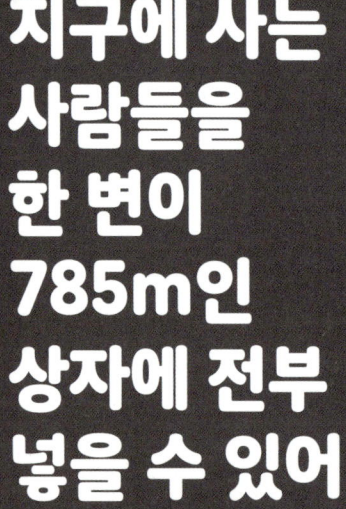

만약 78억 명의 사람들 모두가 하나의 대가족이 되어서 같이 살게 된다면, 우리 집은 얼마나 커야 할까? 놀랍게도 가로, 세로, 높이가 각각 785미터 건물 안에 모두 들어갈 수 있어. 단점이라면 집에 창문이 하나도 없고, 최대한 가깝게 붙어 지내야 한다는 거지. 정말 끔찍하겠지만, 우리 집은 세계의 대도시 어디든 몇 블록 정도밖에 공간을 차지하지 않을 거야!

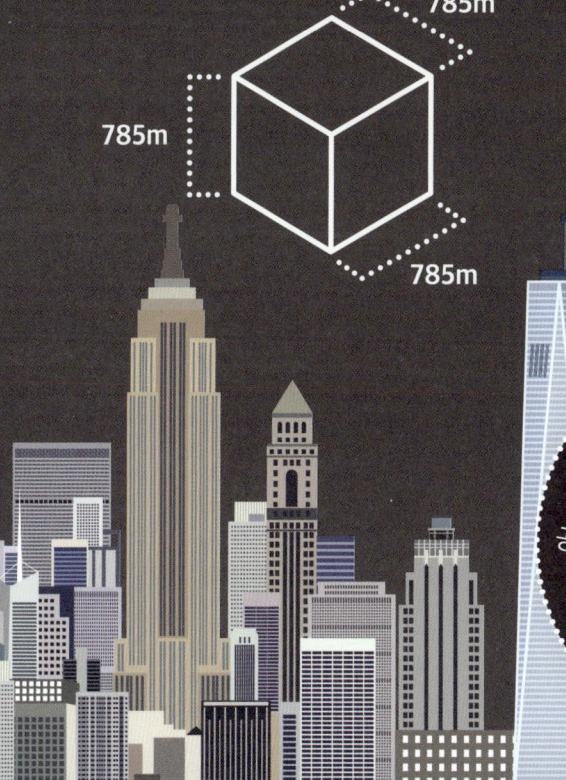

0.062 m³

인간의 몸이 차지하는 물리적 공간은 평균 0.062세제곱미터야.

숫자 계산하기

우리는 전 세계에 78억 명이 산다는 걸 알고, 평균적으로 한 사람이 0.062세제곱미터의 자리를 차지한다는 것도 알아. 이 숫자를 다 곱하면 모든 인간이 차지하는 공간은 4억 8360만 세제곱미터야.

이런 커다란 규모의 공간을 만들려면 너비가 얼마나 되는 정육면체가 필요할까? 4억 8360만 세제곱미터의 세제곱근을 계산하면 돼. 그렇게 하면 784.9미터가 나오지. 짜잔!

같이 해볼까?
너희 반에는 몇 명이 있어? 너희 반 학생들 전부가 차지하는 공간이 얼마나 되는지 위의 계산식을 써서 알아보자. 숫자를 계산할 때는 어른한테 도와달라고 해도 괜찮아!

인간

우리가 가진 감각은 5개가 넘어

인간의 감각은 몸이 주변 세상을 발견하고 이해하는 도구야. 우리 모두 전통적인 다섯 가지 감각을 잘 알아. 촉각, 시각, 미각, 청각, 후각이지. 하지만 이 5개는 그저 시작일 뿐이야. 우리의 놀라운 몸은 사실 20개가 넘는 감각을 갖고 있어. 그중에는 배고픔, 목마름, 언제 화장실에 가야 하는지 아는 것 등도 있어. 우리가 감각을 가지려면 감지기가 있어야 돼. 감지기는 우리 눈과 귀, 코, 피부, 혀야. 우리 피와 방광, 대장 같은 다른 감지기들도 빠뜨리면 안 돼!

우리 근육과 관절에는 신체 일부가 다른 부분과 비교해서 어디에 있는지를 알려주는 감지기들이 있어. 이 감지기 덕에 우리는 손끝을 맞대거나 눈을 감은 채 코를 만질 수 있지. 한번 눈을 감고 코를 만져봐!

눈 눈에는 두 가지 종류의 빛 감지기가 있어. 간상세포와 추상세포야. 간상세포는 빛의 강도를 감지하고, 어두운 곳에 있을 때 반응해. 추상세포는 세 종류가 있는데 빨강, 초록, 파랑의 원색을 감지해. 이 추상세포들은 색깔을 감지하기 때문에 밝은 빛이 필요해.

귀 속귀에는 소리 감지기가 있어서 진동하는 음파에 반응을 해. 그리고 지구의 중력장을 감지해서 균형감을 갖게 해주는 감지기도 있어!

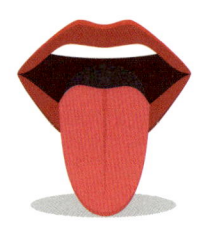

혀 혀는 맛을 감지하게 해주는 화학 수용체가 있어. 아, 맛있어!

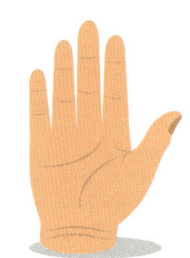

피부 피부는 놀라운 감지기고, 엄청 바쁜 감지기이기도 해! 접촉, 통증, 온도, 가려움 같은 감각은 전부 피부 아래에 있는 최소한 다섯 가지 이상의 감각말단 덕분이야.

코 코 안에는 수백 개의 각기 다른 화학물질 감지기가 있어서 냄새를 맡게 해주지.

피 피 속에도 화학물질 감지기가 있어. 이건 염분과 포도당 수치를 확인해. 배가 고프고 목이 마른 걸 몸에 알려주는 게 바로 이 감지기들이야.

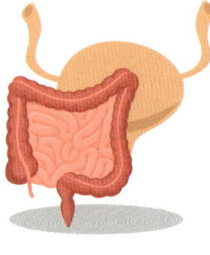

방광과 장 화장실에 가야 할 때라는 걸 알 수 있는 건 바로 방광과 대장 안에 있는 감지기 덕분이지.

육감

어떤 사람들은 또 다른 특별한 감각을 갖고 있다고 주장해. 누군가가 자신을 보고 있는 걸 느낄 수 있다든지 날씨가 곧 바뀔 걸 안다든지 하는 거지. 너도 특별한 육감을 갖고 있니?

인간

같이 해볼까?
실제로 하품에 전염성이 있는지 시험해보고 싶다면, 10명의 사람들 앞에서 하품을 하는 척해봐. 몇 명이나 함께 하품을 했어?

우리가 하품을 하는 이유는 수수께끼야

크게 하품하는 건 피곤하거나 푹 자고 일어났다는 의미로 종종 연결되곤 해. 하지만 사람은 지루하거나 초조할 때, 배가 고프거나 뭔가 새로운 일을 하려고 할 때도 하품을 해! 그리고 하품에 전염성이 있다는 거 알아? 다음번에 누가 하품하는 걸 볼 때 넌 하품을 참으려고 해봐! 하품에 관해 읽기만 해도 하품을 할 수 있어. 우린 언제 하품을 하는지는 많이 아는데, 하품을 하는 정확한 이유는 아직도 수수께끼야.

숨 들이켜기

하품이라는 게 정확히 뭘까? 과학자라면 누군가가 입과 목을 크게 벌리고서 숨을 들이켰다가 내뿜는 행동이라고 설명할지도 몰라. 그다음에는 곧장 입을 다물지.

종종 이런 하품은 연속된 하품의 시작이기도 해. 사람들은 보통 두 번째와 세 번째 하품을 연달아 하거든(가끔은 더 많이 하기도 하고). 멋진 연속 하품을 중단하는 건 굉장히 힘든 일이야!

하품의 평균 시간은 6초지만, 남자들은 대체로 여자보다 더 오래 하품을 해. 그 짧은 6초 사이에 우리 맥박은 최대 30%까지 빨라져.

사람만 얼굴이 빨개져

많은 동물이 하품을 하지만, 얼굴을 붉히는 건 사람뿐이야. 이건 대체로 스트레스 상황에 있거나 창피할 때 일어나곤 하지. 피부가, 특히 뺨의 피부가 더 빨개지고 뜨겁게 느껴져. 하지만 안쪽으로도 붉어진다는 거 혹시 알아? 얼굴을 붉힐 때 몸은 아드레날린을 생성해서 호흡이 더 가빠지고 맥박이 더 빨라지고 혈관은 더 넓어지게 돼. 이런 과정은 위벽으로 들어가는 혈액의 양을 늘려서 뱃속까지 붉어지게 만들어!

모두가 하품해

모두가 하품을 해. 심지어는 자궁 안에 있는 태아까지도 말이야! 고양이, 개, 새, 물고기 역시 하품을 한다고 알려져 있어. 개들은 대체로 주인을 볼 때 커다랗게 하품을 해. 그리고 가끔은 주인이 하품을 하면 개도 똑같이 따라 하기도 하고!

인간

같이 해볼까?
테니스공을 1분에 60번 쥐었다 놓았다 해봐. 우리 심장은 매일, 매분 이런 식으로 열심히 작동해.

사람의 심장은 평생 30억 번 이상을 뛰어

우리 몸에는 엄청나게 많은 근육이 있지만, 그중에서도 열심히 작동하는 심장이야말로 가장 중요한 부분이야. 심장은 계속해서 움직이면서 산소가 풍부한 혈액을 온몸으로 밀어내. 거기에 대해서 생각조차 안 해도 계속 이렇게 움직인다고! 쉴 때면 심장은 1분에 평균 60에서 100회 정도 뛰어. 운동을 할 때는 80회 정도로 뛰고, 이건 1시간에 4800회야. 우리 심장은 하루에 약 11만 5200회 정도 뛸 거야. 그러면 1년 동안에는 4204만 8000회가 되지! 그러니까 80살까지 산다면 우리 심장은 대략 33억 6384만 번 뛸 거야!

150,000

우리 몸에 있는 모든 혈관의 길이를 합치면 15만 킬로미터나 돼. 모든 동맥과 정맥, 모세혈관을 일렬로 쭉 나열하면 지구를 약 4번 정도 감을 수 있을 정도야!

7500

심장이 하루에 몸으로 밀어 보내는 혈액은 7500리터야. 혈액은 우리가 살아가는 데 필요한 산소와 영양분을 조직과 장기에 공급하지.

75,000,000,000,000

우리 몸에서 심장으로부터 혈액을 공급받는 세포는 무려 75조 개야. 우리 눈의 투명한 바깥쪽 보호막인 각막이 혈액이 공급되지 않는 유일한 부분이야.

두근두근

우리 심장에는 나름의 전기 임펄스가 있어. 이 임펄스 덕분에 만에 하나 심장이 몸에서 분리되어도 적당한 양의 산소만 공급되면 계속해서 뛸 수 있어.

> 테니스공은 우리 심장이 얼마나 열심히 일하는지를 보여줘. 우리가 테니스공을 한 손으로 쥘 때 쓰는 힘의 양은 심장이 수축해서 피를 온몸으로 보낼 때 필요한 양과 거의 똑같아.

멋진 합창

합창단이 맞추는 건 그 사람들의 목소리만이 아니야. 그 사람들은 맥박도 똑같이 맞춰줘! 합창단이 함께 노래를 부를 때면 그들의 맥박이 같은 속도로 빨라지거나 느려져서 금세 조화를 이루고, 심장은 같은 리듬으로 뛰어.

인간

인간은 어떤 동물보다

오래 뛸 수 있어

숨을 헐떡거리고 있을 때는 그런 생각이 안 들겠지만, 사실 우리 인간은 뛰는 게 천성이야! 인간은 지구상의 어떤 동물보다 오래달리기를 잘하도록 진화했어. 인간은 말이나 사자, 심지어는 세계에서 가장 빠른 육상동물인 치타보다도 더 오랫동안 뛸 수 있어. 우리가 제일 빠르지는 않지만(다리가 둘이라 네 발 달린 친구들보다 불리하거든), 더 멀리까지 갈 수는 있어!

땀 흘리기

우리는 어떻게 이렇게 대단한 오래달리기 선수가 된 걸까? 그건 우리의 땀 덕택이야! 인간은 온몸에 200만~400만 개의 땀샘이 있어서 달리는 동안 몸을 식힐 수 있어. 머리부터 발끝까지 두툼하게 털로 뒤덮이지 않았다는 게 엄청난 장점이 되는 거야!

약 40년 동안 웨일즈의 란티드웰스 마을에선 매년 인간과 말이 35킬로미터 거리를 달리는 경주를 열고 있어. 평범한 사람들이 종종 경주에 나온 많은 말들을 이겨. 특히 더운 날에는 인간이 열을 더 잘 방출하기 때문에 더 많이 이겨.

함께 달려

우리 조상들은 영양이나 가젤 같은 더 빠른 사냥감을 잡기 위해 뛰는 능력을 발달시켰어. 시간이 흐르면서 우리는 사냥감이 과열 상태가 되거나 함정으로 몰아넣기 위해서 오랫동안 따라갈 수 있는 방향으로 진화하게 되었어.

인간

인간은
물속 생활에
적응하는 중이야

인간은 대부분 땅에서 살고 있고, 물속에서 숨을 참아보면 그 이유를 금방 알 수 있어. 하지만 숨을 참는 게 얼마나 힘든지는 각자가 달라. 우리 중에는 물속 생활에 적응하고 있는 사람들도 있어. 동남아시아의 바자우족 사람들은 맥박을 분당 30회까지 떨어뜨리고서 편안하게 물속 70미터까지 들어가서 최대 13분 동안 식량을 찾으며 거기 머물 수 있어. 바자우족은 일하는 시간의 최대 60%까지 물속에서 머무르기도 해! 심지어는 더 큰 비장을 갖는 방향으로 진화했어. 비장은 핏속에 더 많은 산소가 녹도록 만들어서 물속에서 숨을 쉴 필요성을 낮춰주는 장기야.

24분

물속에서 사람이 가장 오래 숨을 참은 기록은 24분이야. 이 기록에는 산소의 도움이 있었어. 탱크에서 순수한 산소를 들이마셔서 폐를 최대한 채운 다음에 물속으로 들어갔던 거지.

물속으로

기묘하게도 인간은 육상에서보다 물속에서 더 오랫동안 숨을 참을 수 있어. 물속으로 들어가자마자 우리 몸은 잠수 반사라고 하는 반응을 시작해. 이건 맥박이 느려지고, 혈관이 수축되고, 비장이 조여드는 반응이야. 이 반응이 모두 산소가 부족할 때 에너지를 아끼기 위한 행동이지.

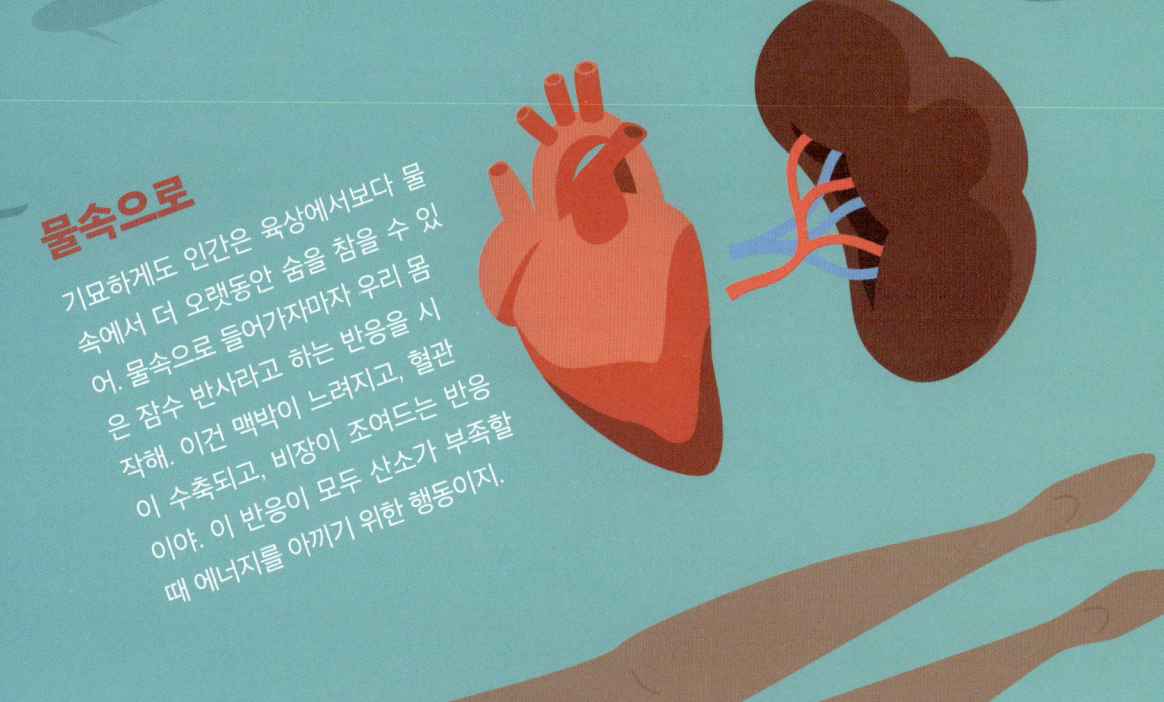

타이어처럼

오랫동안 욕조나 수영장에 들어간 적이 있다면, 손가락과 발가락 피부가 쪼글쪼글해진 걸 본 적이 있을 거야. 이렇게 피부가 쪼글쪼글해지는 이유는 자동차 타이어의 접지면과 비슷하게 주름이 물을 흘려보내고, 물속에 있을 때 젖은 물체를 더 쉽게 잡을 수 있게 만들어주기 때문인 걸로 추측돼.

인간

정신이 몸을 치료할 수 있어

몸이 안 좋아서 병원에 가면 의사가 몸이 낫는 데 도움이 되는 약을 처방해주지? 약은 보통 이런 식으로 작동하지만, 혹시 플라시보 효과라는 거 들어봤어? 의사가 가끔은 약 대신에 몰래 가짜 약을 주기도 해. 하지만 걱정 마. 의사들은 특별한 상황에서, 많은 조사를 거친 후에만 이렇게 하니까. 이런 사람들 대다수는 실제로 몸이 나아지게 돼. 하지만 각자 다른 반응을 보이지. 가짜 약을 플라시보라고 부르는데, 그래서 우리가 이걸 플라시보 효과라고 하는 거야. 이런 식으로 낫는 건 약이 자신을 도와줄 거라는 환자의 기대감 덕분인 것 같아. 치료법이 자신을 낫게 해 줄 거라고 더 큰 믿음을 가질수록 긍정적인 변화를 겪을 가능성이 더 높아져.

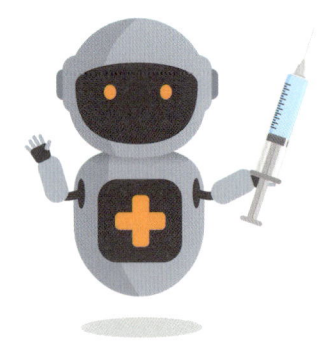

기분 좋게

플라시보는 육체적 통증이 있을 때 제일 효과가 좋아. 뇌에서 엔돌핀과 도파민이라는 호르몬을 방출하게 되거든. 이 호르몬들은 통증을 완화하고 기분을 좋게 만들고 긴장을 풀어주지.

효과 측정

의사들은 환자를 속이기 위해서가 아니라 신약이나 새로운 치료법이 질병에 어떤 효과가 있는지를 알아보려고 플라시보를 이용해. 플라시보는 임상시험에 종종 사용되는데, 어떤 집단에는 플라시보를 주고 다른 집단에는 신약을 주는 거야. 그렇게 플라시보와 신약의 효과를 측정하고 비교하면 진짜 약과 플라시보의 효과를 확실히 알 수 있어.

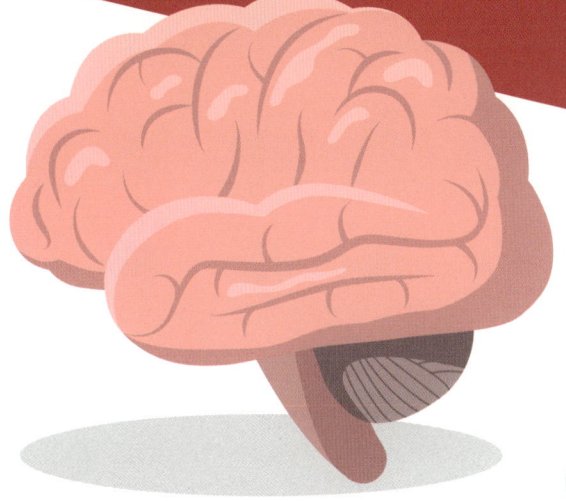

물질보다 나은 정신

과학자들은 플라시보 효과가 어떻게 작동하는지 아직 파악하지 못했어. 그저 그걸 써서 나타나는 증상만 알지. 플라시보 효과는 우리의 정신이 우리가 생각하는 것보다 몸에서 벌어지는 일을 더 강력하게 통제하고 있다는 사실을 보여줘.

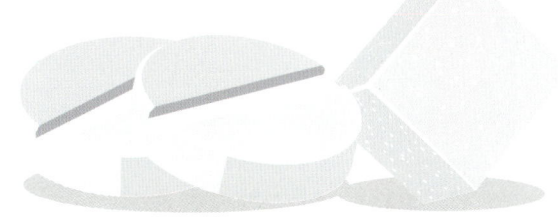

설탕처럼 달콤해

플라시보는 대체로 설탕약, 염분 용액이나 증류수 같은 비활성 물질로 만들어져.

인간은 어둠 속에서 빛이 나

반딧불이, 해파리, 글로우웜, 그리고 외계에서 온 것처럼 무시무시하게 생긴 심해 생물들은 지구상에 사는 유명한 발광 생물 중 일부일 뿐이야. 그런데 실은 거의 모든 생물이 아주 약하게라도 빛을 방출한다는 거 혹시 알아? 우리도 마찬가지야. 우리도 지금 빛나고 있어. 아주 약한 빛일지 몰라도 어쨌든 이것도 확실하게 빛나는 거라고!

우리 몸 안에서는 에너지를 방출하고 열을 생성하는 화학 반응이 일어나. 이 화학 반응에서는 소량의 광자도 만들어져. 광자라는 건 빛의 기본 입자야. 이 반응 때문에 우리 몸은 약간 빛나게 되고, 그 빛의 강도는 하루 동안 강해졌다 약해졌다 해. 우리의 빛은 늦은 오후에 가장 강하고, 얼굴 아래 절반에서 제일 밝아. 불행히 우리는 우리의 빛을 볼 수가 없어. 이 빛의 강도는 우리 눈이 감지할 수 있는 빛의 1000분의 1밖에 안 되거든. 하지만 과학자들은 특수하고 예민한 카메라를 사용해서 우리 몸이 내는 빛을 볼 수 있어!

모두 김~치

우리 몸의 빛을 찍는 데 필요한 카메라는 무척 예민해. 이 카메라는 광자 하나 수준의 빛도 감지할 수 있고, 빛이 완벽하게 차단된 영하 120도의 방에서만 작동할 수 있어. 사진을 찍히는 사람도 깨끗하고, 벌거벗고, 완전한 어둠 속에 있어야 돼. 굉장히 어려운 일이야.

환한 오후

우리 몸에서 나오는 빛은 시간에 따라서 달라져. 빛이 가장 적을 때는 오전 10시고, 가장 강할 때는 오후 4시야. 정점을 지나면 우리의 빛은 다시 차츰 줄어들어. 이건 아마도 우리의 빛이 몸 안의 시계와 리듬에 연결되어 있기 때문일 거야.

얼굴의 빛

우리 얼굴, 특히 입과 뺨은 몸의 다른 부분보다 더 많이 빛이 나. 과학자들은 우리 얼굴이 햇빛에 더 많이 노출되어 있기 때문에 우리 몸의 다른 부분보다 더 많이 타서 그런 게 아닐까 생각해. 피부 색깔을 내는 색소인 멜라닌은 우리 몸의 아주 약한 빛을 좀더 강하게 만들어주는 형광 인자를 갖고 있어.

인간

전 세계 인구의 3분의 1만이 우유를 마실 수 있어

쿠키를 먹을 때 시원한 우유 한 잔을 곁들이곤 한다면, 아주 운이 좋은 거야. 전 세계 사람들의 3분의 2는 우유를 소화하지 못하거든! 우유를 마실 수 없고 유제품을 못 먹는 것을 유당불내증이라고 해. 유당불내증은 우유에 든 주된 당인 락토스를 소화하지 못하는 거지. 대부분의 사람들은 2세에서 5세 사이에 이 당을 소화하는 능력이 멈추고, 계속 노력한다면 그 결과는 굉장히 끔찍해. 뱃속에 가스가 차서 방귀가 나오고, 배가 붓고, 경련이 생기고, 설사를 할 수도 있어. 하지만 세계 인구의 3분의 2가 유당불내증이라면, 우유를 마시는 쪽이 정상이 아니라고 생각해야 하지 않을까?

북유럽 사람들은 우유를 좋아해

스웨덴과 핀란드에 사는 사람들은 락토스에 엄청나게 높은 내성을 갖고 있어. 스웨덴 사람들은 74%가 유제품을 섭취할 수 있고, 핀란드 사람들은 82%가 할 수 있지!

나라마다 제각각

유당불내증이 어디서 가장 흔한지는 나라와 지역에 따라 큰 차이가 있어. 북유럽에서 그 비율은 5%밖에 안 되지만, 아시아에서는 그 비율이 90%까지 높을 수도 있어. 미국에서는 대략 4000만 명의 사람들이 이런저런 유당불내증으로 고생하고 있다고 해.

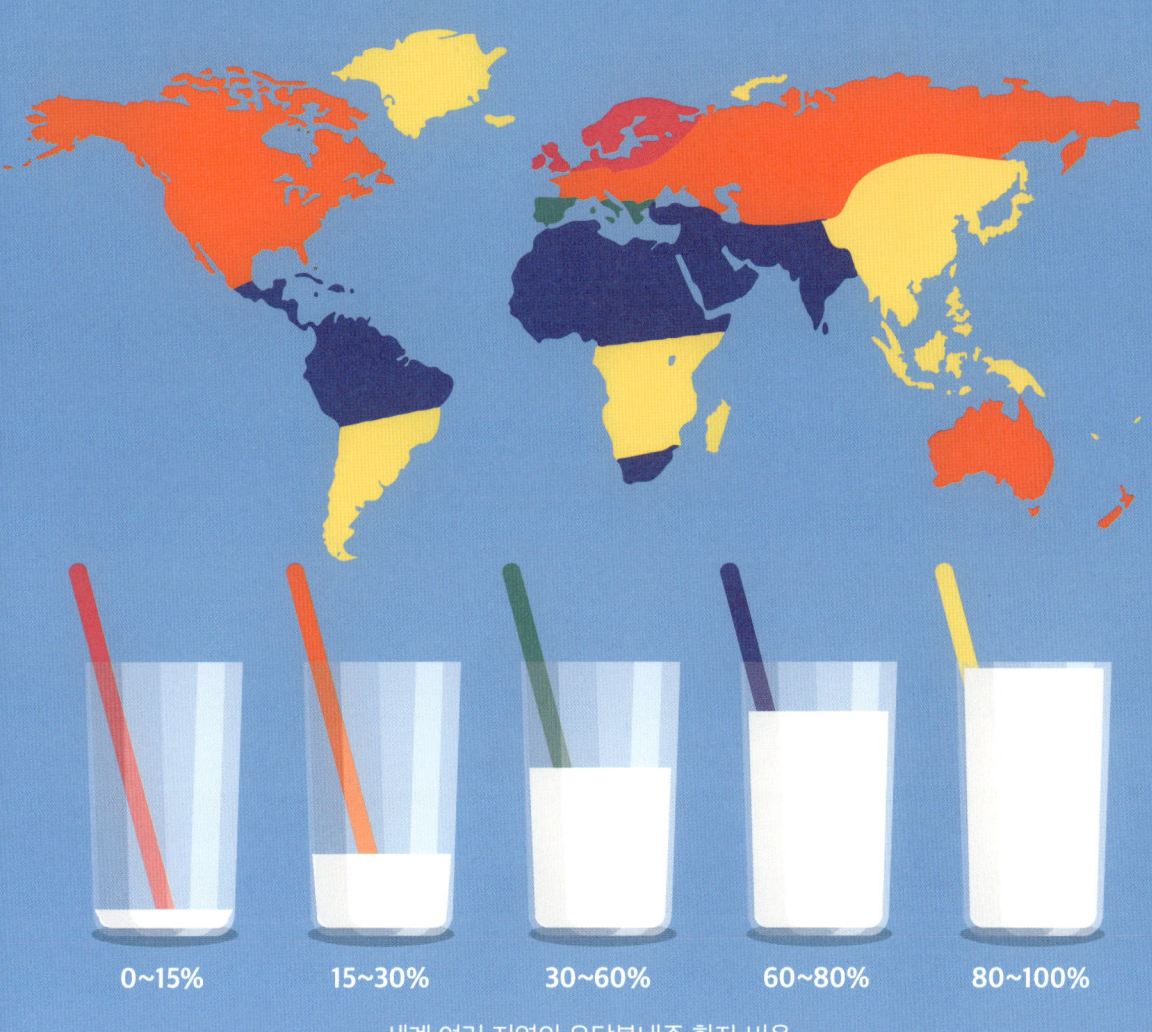

0~15% 15~30% 30~60% 60~80% 80~100%

세계 여러 지역의 유당불내증 환자 비율

인간

우리 뇌는 코를 무시해

거울로 얼굴을 보면 가장 먼저 눈에 들어오는 게 코야. 얼굴 한가운데 있는 코는 가장 눈에 띄는 얼굴의 특징 중 하나지. 하지만 거울에서 돌아서면 더 이상 코는 보이지 않아. 우리 시야에 딱 들어오는데도 말이야!

코가 보이지 않는 이유는 우리의 뇌가 코를 무시하기 때문이야. 뇌는 영리하게 우리 시야에서 코를 걸러버려. 코를 계속해서 보는 건 일상생활에 아무 필요도 없으니까. 코가 있다는 사실을 계속 떠올린다고 해서 딱히 좋은 일도 없거든!

눈속임

코는 양쪽 눈의 시야 일부를 가리고 있어. 뇌는 가리지 않는 부분을 통해서 보이는 장면에서 정보를 얻어서 완전한 이미지를 만들어내지. 뇌는 천재야!

옆쪽

우리가 코를 보지 못하는 또 다른 이유는 눈에 가깝기 때문일 뿐만 아니라 시야 옆쪽에 있기 때문이야. 그래서 멀리 있는 것을 볼 때처럼 흐릿하게 보여.

걸러 보기

뇌가 거르는 건 코만이 아니야. 우리에게서 빠진 또 다른 커다란 시각 정보가 있어. 예를 들어 안경을 쓴다면, 그걸 쓰고 있다는 사실을 알아채지도 못할 거야! 뇌가 불필요한 정보를 걸러주지 않으면, 우리는 감각 정보에 짓눌려버릴지도 몰라.

같이 해볼까?

지금 당장 우리 코를 볼 수도 있어. 한쪽 눈을 감으면 뜨고 있는 눈에 코가 보일 거야. 이제는 반대쪽 눈을 감아봐. 그러면 반대편에서 똑같은 일이 일어나! 다시 두 눈을 모두 뜨면 코는 즉시 사라지지. 짜잔!

인간

우리 뱃속에 세균이 있고

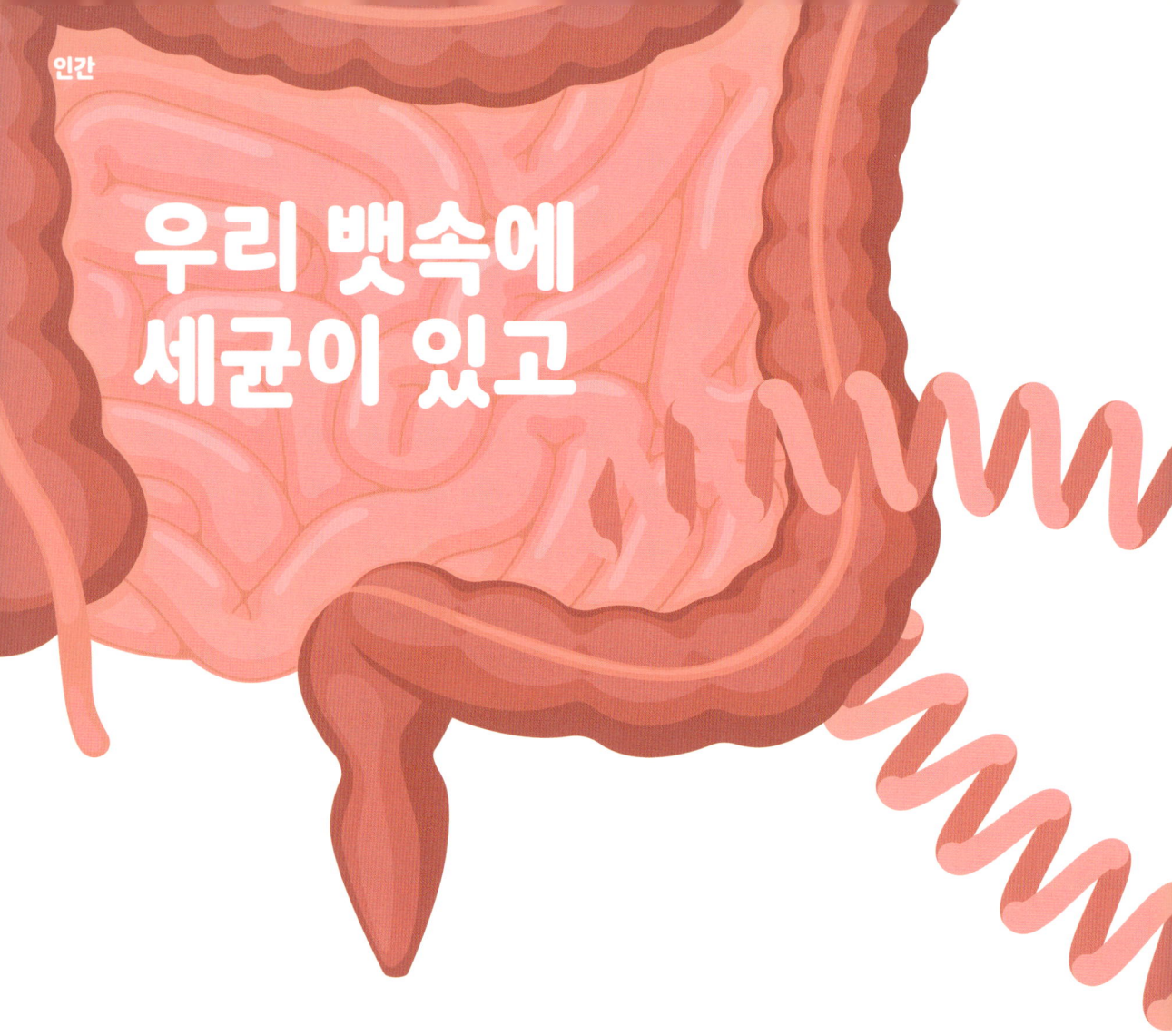

혼자 있을 때도 사실 우리는 혼자가 아니야. 오싹한 얘기 같겠지만, 우리 몸 안팎은 세균과 바이러스, 곰팡이, 그 외에 미생물이라는 작은 유기체 수조 마리가 사는 집이야. 우리 몸 안에 사는 이 조그만 생물체들은 실제로 우리 인간의 세포 숫자보다도 더 많아!

이 미소 생물체들은 우리 삶에서 큰 역할을 해. 면역계를 노와주고, 세포에 영양분을 공급하고, 다른 해로운 세균과 바이러스들의 침입을 막아줘. 이 작은 생물체 거의 모두가 우리 소화관을 집으로 삼고 있고, 여기서 뇌와 직접 소통해. 우리는 여전히 이 작은 생물들이 뭐라고 말하는지 정확하게는 모르지만, 그게 뭐든 우리 뇌를 움직이게 만들어서 우리의 행동과 정신건강에 영향을 미쳐.

10조

우리 뱃속에 사는 미생물은 10조 마리나 돼!

200g

우리 몸을 집으로 삼은 미생물 전체의 무게는 200그램이야.

구불구불

우리 몸 속에 구불구불하게 휘감겨 있는 장의 표면적은 약 32제곱미터야. 이건 작은 아파트랑 똑같은 크기야!

95%

우리 몸의 미생물 군집 중 배 속에 있는 것이 95%나 돼. 배 속이라는 건 입에서부터 엉덩이까지 이르는 소화기 전부를 말해.

쥐와 사람

과학자들은 사람 배 속의 미생물 군집과 뇌의 관계를 주로 쥐를 대상으로 한 연구에서 처음 발견했어. 과학자들은 지금도 이 털 달린 친구들을 대상으로 연구를 계속하고 있지.

제2의 뇌

우리 소화기는 미생물에게 집을 제공할 뿐 아니라 두 번째 뇌 역할도 해. 소화기는 안에 있는 1억 개의 뉴런 덕분에 혼자 생각할 수 있기 때문에 뇌가 말하지 않아도 즉시 음식을 소화시켜. 다른 장기들은, 심지어 강력한 심장조차 이렇게는 하지 못해.

우리 뇌와 대화를 해

2부 동물

동물

유인원과 원숭이가 석기시대에 들어섰어

인간에게 석기시대는 원시적인 돌도구를 사용했던 선사시대야. 대략 250만 년 동안 이렇게 하다가 5000년 전에 금속을 다루기 시작하면서 청동으로 도구와 무기를 만들게 됐어. 하지만 하얀 얼굴의 조그만 카푸친원숭이에게는 지금이 석기시대야! 녀석들은 매일 돌도구를 사용하는 걸로 유명하고, 종종 계속 사용하기 위해서 돌을 아껴둬. 3000년이 넘게 그런 일을 하고 있지!

도구를 사용해

침팬지는 돌망치, 흰개미 둥지에 구멍을 뚫는 데 삽 같은 나뭇가지를 사용해. 안쪽에 있는 맛있는 벌레들을 꺼내는 데도 기다란 스트로 등의 도구를 사용해.

망치질

인간은 최소한 300만 년 동안 돌을 망치와 모루로 사용했어. 이제 이 작은 원숭이들은 자기 몸무게의 거의 절반 정도 되는 커다란 돌을 사용해서 조개와 견과류, 다른 음식들을 깨고 있지.

건축가

오랑우탄은 꿀을 찾아 막대기를 사용해서 나무를 뒤적거리는 것뿐만 아니라 인간 건축가도 감탄할 정도로 정교한 둥지를 만들 수 있는 뛰어난 엔지니어야!

35,000,000년

진화의 역사에서 인간과 카푸친 원숭이는 3500만 년 전에 갈라졌어.

동물

갯가재는 세계에서 펀치가 가장 빠르고 가장 강력해

갯가재는 조그맣긴 해도(보통은 길이가 10센티미터야) 시속 80킬로미터로 펀치를 날려서 총알이랑 똑같은 힘으로 상대를 때릴 수 있어! 이 조그만 주먹왕의 펀치를 맞으면 분명 머리 주위로 별들이 반짝거릴 거야.

천하무적

더더욱 놀라운 건 이 엄청난 펀치를 물속에서, 상당한 항력과 저항력을 뚫고 빠르게 날린다는 거야. 갯가재가 3000분의 1초 사이에 그 무시무시한 주먹을 날리는 걸 막을 수 있는 건 아무것도 없어.

주먹이 번쩍

갯가재의 힘과 속도는 위팔에 있는 큰 근육에서 나와. 이 근육이 마치 용수철처럼 작용해서 중력의 1만 배의 힘까지 가속을 해! 갯가재의 팔은 물에서 하도 빨리 움직이기 때문에 압력을 낮추고 물을 끓는점까지 달궈서 번쩍이는 빛이 나게 만들어.

수족관도 와장창

이 터프가이 갑각류는 게나 달팽이, 작은 물고기를 잡아먹는 데 그 힘을 쓰지만, 커다란 물고기나 심지어는 가끔 문어도 잡는 걸로 알려져 있어! 그리고 수족관 유리를 부수고 배를 망가뜨리기로도 유명해. 갯가재는 맞서 싸우고 싶지 않을 만한 조그만 싸움꾼이야!

동물

벌은 보이지 않는 것도 볼 수 있어

벌은 세상을 사람들과는 전혀 다르게 봐. 왜냐하면 벌은 우리에게 보이지 않는 스펙트럼의 빛을 볼 수 있거든. 바로 자외선 스펙트럼이야. 인간이 벌처럼 세상을 볼 수 있다면, 우리는 식물을 볼 때 활주로를 보게 될 거야. 이 활주로는 벌들이 식물의 꿀까지 가도록 인도해 주고, 거기서 벌들은 꿀을 먹어.

서로 돕는 이웃

벌과 꽃이 피는 식물은 상리공생이라는 관계를 맺고 있어. 이건 서로 이득을 얻는다는 뜻이야. 꽃은 벌에 꿀과 꽃가루를 제공하고, 벌은 그걸 모아서 자신들의 군집으로 가져가면서 꽃이 번식하는 걸 도와주지. 벌이 이 꽃 저 꽃을 돌아다니며 모은 꽃가루를 퍼뜨리는 수분이라는 작용을 통해서 말이야.

평생 한 숟갈

평균적인 일벌은 평생 찻숟가락의 12분의 1 정도의 꿀밖에 모으지 못해! 일벌 12마리가 평생 일해야 꿀 한 숟갈을 모을 수 있는 거지.

여왕은 특별해

여왕벌은 하루에 알을 2000개나 낳을 수 있어! 여왕벌은 자신의 페로몬을 이용해서 어떤 알을 수정시키고 어떤 알을 수정시키지 말아야 할지 일벌들에게 지시해. 수정된 알은 암벌이 되고 수정되지 않은 알은 수벌이 되지! 여왕벌은 겨우 대여섯 주밖에 못 사는 일벌보다 훨씬 긴 5년을 살 수 있어.

꿀은 네가 아는 것보다 훨씬 더 놀라워. 밀폐 용기에 꿀을 넣어두면 영원히 보존할 수 있어. 고고학자들은 이집트 무덤에서 무려 수천 년 된 꿀을 발견하기도 했어.

노래와 춤

꿀벌은 물리적 움직임을 이용해서 서로 의사소통할 수 있어. 벌은 '저리 가'라고 말할 때 서로 머리를 부딪치는 걸로 유명해. 정찰벌이 새로운 집 후보지를 발견하면 다른 정찰벌들에게 위치를 말해주기 위해 흔들흔들 춤을 춰!

20,000

세상에 벌은 2만 종이나 있어. 벌은 유시류, 즉 날개가 있는 곤충에 들어가. 여기에는 꿀벌, 뒤영벌, 그리고 다른 많은 파리와 말벌 같은 곤충이 포함되지.

빵과 버터

벌은 일반적으로 꿀을 만드는 것과 연관되지만, 벌은 그것만 만드는 게 아니야! 벌은 분비샘에서 밀랍을 분비해서 벌집 구조를 만들고, 꽃가루와 꿀을 섞어서 먹을 걸 만들어. 이게 벌들의 빵 같은 거야. 이걸로도 부족한지 벌은 프로폴리스라는 끈적끈적한 물질도 만들어. 이걸 사용해서 벌집을 막지. 벌은 바빠!

동물

브론토사우루스는 두 번 멸종한 유일한 공룡이야

공룡은 대략 2억 4500만 년 전에 처음 나타나서 지구를 약 1억 7500만 년 동안 돌아다녔어. 이 근사한 거대 파충류 중 하나가 브론토사우루스야. 이 유명한 공룡은 굉장히 긴 목에 커다란 몸, 기다란 채찍 같은 꼬리를 가졌어. 이 거대 공룡은 우아하게 풀을 뜯어 먹고, 다른 동물들과 함께 평화롭게 산다고 알려졌어.

거의 모든 공룡처럼 브론토사우루스도 약 6600만 년 전에 멸종했어. 하지만 브론토사우루스 이야기가 여기서 끝났다고 생각한다면 오산이야! 1879년에 유명한 고생물학자 오스니엘 찰스 마시가 처음으로 뼈를 발견하고 이 공룡에 브론토사우루스라는 이름을 붙였어(이건 '천둥 도마뱀'이라는 뜻이야).

브론토사우루스가 발견된 후에 과학자들은 이게 목이 긴 공룡 아파토사우루스와 너무 비슷해서 따로 이름을 붙일 만하지 않다는 결론을 내렸어. 하지만 최근 과학 연구 결과는 다시금 브론토사우루스가 나름의 공룡종일 가능성이 높다고 주장해. 이 말은 브론토사우루스가 멸종에서 돌아온 유일한 공룡이라는 뜻이지.

공룡의 후예

지금의 새가 사실 공룡이라는 거 알이? 새는 모든 공룡의 가계도에서 유일한 생존자들이야! 새는 고기를 먹는 공룡에서 진화했을 뿐만 아니라 1만 가지 종으로 진화할 정도로 번성했어! 살아 있는 공룡을 만나고 싶다면 닭을 잘 살펴봐. 달걀을 낳는 그 녀석들이 우리가 실물로 볼 수 있는 것들 중에서 티라노사우루스에 가장 가까운 생물이야!

이런 세상에

브론토사우루스는 초식이야. 식물을 먹는다는 뜻이지. 상상할 수 있겠지만 이 정도로 큰 공룡은 엄청나게 많이 먹어! 브론토사우루스는 씹지 않기 때문에 과학자들은 녀석들이 돌을 통째로 삼키고, 삼킨 돌이 뱃속에 소화되지 않은 채 그냥 있었을 거라고 믿어. 하지만 그게 나쁜 건 아니야. 뱃속의 돌은 이 '천둥 도마뱀'이 먹은 대량의 식물들을 소화시키는 걸 도와주거든.

같이 해볼까?

닭과 티라노사우루스의 이미지를 자세히 살펴봐. 둘의 닮은 곳을 찾을 수 있을까? 발톱이 달린 발이 훌륭한 시작이 될 거야.

동물

- 거미는 포식자의 최상위 계층이야. 녀석들은 살해와 생존에 탁월해.
- 모든 거미는 거미줄을 만들어. 이 강하고 유연한 섬유는 강철이 5배나 강해.
- 집단으로서의 거미는 새와 박쥐를 다 합친 것보다 더 많은 곤충을 잡아먹어.
- 거미는 거미줄이 실이 진동하는 걸 감지해서 찾힌 먹이의 위치를 파악해.
- 거미는 4억 년 동안 존재했어.
- 골리앗버드이터 거미의 다리 길이는 약 30센티미터에 달해.

거미는 1년 안에 지구상의 모든 인간을 먹을 수 있어

네가 거미를 무서워한다면 여기까지만 읽고 넘어가! 다리 8개 달린 거미류 친구들 집단은 매년 4000억에서 8000억 킬로그램 사이의 먹이를 먹어. 지구상 모든 인간의 무게를 합치면 3500억 킬로그램이니까 우리는 전 세계의 거미들이 힘을 합쳐서 저녁 메뉴를 바꾸려 하지 않기만을 바라야겠어. 원한다면 이 실 짜기 명수들은 우리 모두를 다 잡아먹고도 아직도 배가 고플 테니까!

낚시하는 거미도 있어서 이 거미는 수영하고, 다이빙하고, 심지어는 물 위를 걷기도 해.

몇몇 거미는 실 덩어리를 무기처럼 발사해.

조건이 맞으면 1제곱미터에 1000마리의 거미가 살 수도 있어.

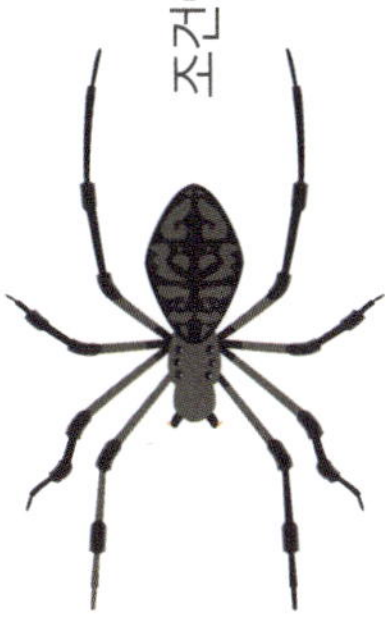

거미의 종류는 4만 5000종이 넘어.

거미는 외골격이라고 하는 바깥쪽 뼈대를 갖고 있어.

모든 거미가 다 육식은 아니야. 바케이라 키플링이는 대체로 채식을 하는 중이야.

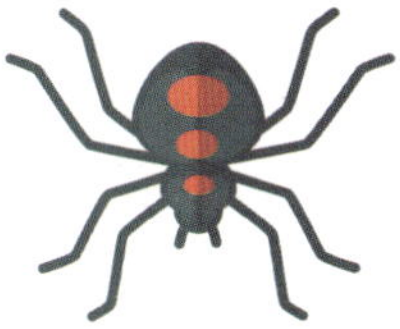

녹여서 빨아 먹어

많은 거미 종들이 육식을 해. 대부분의 거미는 거미줄을 이용해서 파리와 다른 곤충들을 사로잡지만, 직접 먹이를 사냥하는 걸 좋아하는 부류도 있어. 거미는 저녁거리에 소화액을 분사해. 왜냐하면 먹이를 그대로 삼키지 못하거든. 소화액이 작용을 마치면 거미는 잘 섞인 슬러시 같은 결과물을 쭉 빨아 먹어.

위로, 위로, 저 멀리

거미는 먹이를 녹이느라 바쁘지 않을 때면 바람과 거미줄의 전기장을 타고 날아가는 걸 좋아해! 이걸 '벌루닝' 혹은 '카이팅'이라고 하는데, 심지어 거미가 육지에서 1600킬로미터 떨어진 자신들의 배 돛에 착지했다고 이야기한 선원도 있어. 하지만 그게 제일 말도 안 되는 부분이 아니야. 거미는 해수면 위 5킬로미터쯤에 위치한 대기 관측 풍선에도 감지된 적이 있어.

동물

지구의 동물 넷 중

딱정벌레에 관해서는 할 얘기가 정말 많아. 이 곤충은 인간이 발견한 모든 동물 종의 4분의 1을 차지하고 있어. 지금까지 우리는 40만 종이 넘는 딱정벌레 종을 찾고 파악했지만, 아직도 세상에 300만 종쯤 더 있을 거라고 추측해! 딱정벌레는 그저 동물의 왕국을 지배하기만 하는 게 아니야. 우리가 지금까지 파악한 지구상의 모든 생물종 중 5분의 1에서 3분의 1을 딱정벌레가 차지하고 있다고 해. 평범한 딱정벌레의 이 확실한 성공은 녀석들이 나무에 수분을 시키는 것부터 동물의 똥을 먹는 것에 이르기까지 대단히 다양하고 특수한 역할을 하도록 진화했기 때문이야. 보기에 화려하진 않지만, 아주 유용하지!

지금까지 우리가 발견하고 파악한 모든 곤충 종에서 딱정벌레가 40%를 차지해.

생존자

딱정벌레들은 2억 7000만 년 동안 존재했었어. 이 말은 녀석들이 공룡보다 먼저 지구 위를 돌아다녔다는 뜻이야. 또한 공룡을 죽인 게 이 강인한 꼬마 벌레들은 죽이지 못했다는 거지. 수백만 년 동안 딱정벌레는 적응하고 생존했어.

이 페이지에 있는 수많은 딱정벌레 5마리를 찾을 수 있니?

하나는 딱정벌레야

날개

딱정벌레는 날개를 두 쌍이나 가졌어! 첫 번째 날개쌍은 두 번째 날개쌍을 보호하는 딱딱한 날개 껍질이고, 두 번째가 나는 데 사용돼.

여기저기, 사방에

딱정벌레는 지구상 어디서나 살지만, 절대로 찾을 수 없는 유일한 곳이 극지방의 얼음 위와 짠 바닷물 속이야.

참뜰길앞잡이

크기에 비교할 때 참뜰길앞잡이는 지구상에서 가장 빠른 생물이야. 이 딱정벌레는 시속 9킬로미터의 속도로 달릴 수 있어. 1초에 몸길이의 125배를 가는 거야! 인간은 1초 동안 몸길이의 겨우 5배밖에는 갈 수가 없어서 달리기에서 참뜰길앞잡이를 이기려면 시속 770킬로미터로 달려야 해!

동물

상어에 물려 죽을 확률보다 자동판매기에 깔려 죽을 확률이 더 높아

상어는 누군가 바닷물에 발을 담그자마자 꿀꺽 집어삼키는 사나운 바다의 포식자라는 무시무시한 명성을 갖고 있어. 하지만 상어의 공격으로 죽은 사람이 얼마나 되는지를 보면 이게 굉장히 부당한 평가라는 걸 알게 될 거야. 사실, 매년 자동판매기에 깔려 죽는 사람이 상어에 물려 죽는 사람보다 많아. 대개 사람들이 음료수를 뽑으려고 자판기를 흔들다가 기계가 넘어지는 바람에 죽지.

죽음과 함께 춤을

상어보다 사람을 더 많이 죽이는 건 사실 자동판매기만이 아니야. 우리는 떨어지는 코코넛, 샴페인 코르크, 침대, 사다리, 하마, 모기에 죽을 확률이 훨씬 더 높아. **해마다~**

10
세계에서 상어의 공격으로 죽은 사람은 10명이야.

13
세계에서 자동판매기에 깔려 죽은 사람은 13명이야.

150
세계에서 떨어지는 코코넛에 맞아 죽은 사람은 150명이야.

450
미국에서 침대에서 떨어져서 죽은 사람은 450명이야.

24
세계에서 날아온 샴페인 코르크에 맞아 죽은 사람은 24명이야.

355
미국에서 사다리에서 떨어져서 죽은 사람은 355명이야.

500
아프리카에서 하마의 공격으로 죽은 사람은 500명이야.

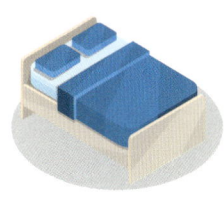

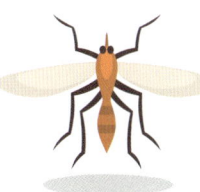

830,000
세계에서 말라리아, 지카, 뎅기열, 일본뇌염, 황열병 모기로 죽은 사람은 83만 명이야.

뭐가 더 끔찍할까?
해마다 상어는 사람을 10명밖에 죽이지 않지만 인간은 상어를 1억 마리씩 죽인다는 건 무시무시한 일이야. 어쩌면 3억 마리에 더 가깝다고 추정하는 사람도 있어! 1억 마리라고만 해도 1시간마다 인간은 상어를 1만 1416마리씩 죽이는 거야.

고참
상어가 오랫동안 인간에게 두려움을 주긴 했지만, 녀석들은 지구의 바다에서 훨씬 오랫동안 헤엄쳐왔어. 정확하게는 4억 5000만 년 동안 말이야. 이건 공룡이 나타나기 2억 3000만 년 전이야! 상어는 심지어 나무보다도 오래됐어. 지구상에 제대로 발달한 숲이 처음 나타난 건 3억 7000만 년 전이거든.

동물

고양이는 사람한테만 "야옹" 하고 울어

고양이가 먹이를 달라고 할 때 내는 커다랗고 반복적인 "야옹" 소리가 인간과 고양이 양쪽 모두를 상대로 의사소통을 하기 위한 것이라고 생각하기 쉬워. 하지만 사실 어른 고양이는 서로에게 거의, 심지어는 절대로 "야옹" 하고 울지 않아. 그건 인간과 이야기할 때에만 하는 거야. 우린 운이 좋아!

아기 고양이는 어미의 관심을 끌기 위해 "야옹" 하고 울지만, 크고 나면 다른 고양이에게는 하지 않아. 인간과 함께 사는 고양이들은 주인에게 '아기 행동'을 하는데, 우리가 거기에 반응을 하기 때문이야. 사실 가끔 우리는 녀석들에게 고음의 아기 다루는 목소리로 대답을 해주기도 하잖아.

고양이의 말

"야옹" 말고도 우리의 털북숭이 친구들이 우리와 의사소통할 때 쓰는 소리는 100가지가 있어. 그중에는 가르랑거림, 목을 떠는 소리, 으르렁 소리, 재재거리는 소리, 쉭 소리, 울부짖음, 뻑뻑 소리, 부글부글 소리, 꽤애액 소리 등이 있어.

머리와 꼬리

말로 의사소통을 하는 것뿐만 아니라 고양이는 귀, 눈, 자세, 그리고 가장 중요하게도 꼬리를 사용해서 자기의 기분과 생각을 말해. 고양이의 꼬리는 여러 가지 자세에서 놀랍도록 빠르게 또는 느리게 움직일 수 있어. 심지어는 꼬리를 위로 세운 채 온몸의 털을 곤두세우기도 해. 이건 녀석들이 굉장히 화가 났다는 뜻이야!

반가워

굉장히 기뻐

만족해

화났어

긴장했어

무서워

동물

돌고래는 사람이

돌고래는 굉장히 똑똑해. 심지어는 사람만큼 영리하다는 얘기도 있어. 어떤 사람들은 사람보다 더 영리하다고 주장하기도 해! 우리처럼 돌고래는 거울에 비친 자신을 인식할 수 있어. 이건 돌고래가 자기를 알아본다는 증거고, 대부분의 다른 동물들은 할 수 없는 일이야. 심지어 자신의 몸 각 부분을 완벽하게 인식하고, 어디가 어떻게 움직이는지를 이해하고, 동시에 감정도 있고, 자기 통제력도 보여줘. 이런 공통점 외에도 돌고래는 다른 방식으로도 확실히 똑똑해. 그래서 우리가 돌고래를 우리와 진화적 동류로 여겨야 하는 거야. 돌고래는 우리처럼 '사람'이야. 물속에서 사는 걸 더 좋아하지만 말이야.

슬픔의 의식

돌고래는 인생 주기도 알고 있는 듯해. 죽은 동료들을 애도하기도 하지. 애도의 의식으로 보이는 행동을 할 때 돌고래는 죽은 돌고래의 몸을 바다 위로 밀고 올라가. 보통은 30분 정도 걸리지만, 가끔은 며칠씩 하기도 해!

텔레파시

돌고래는 아주 친밀한 친구 집단 및 패거리를 만들어. 이 집단들은 굉장히 사이가 좋아서 몇몇 과학자들은 이 돌고래들 사이에 일종의 텔레파시가 통한다고 주장하기도 해.

특징적인 스타일

돌고래는 인간이 말하는 방식과 아주 닮은 일종의 언어 소통을 할 수 있어. 돌고래는 굉장히 발달된 여러 종류의 휘파람 소리, 딱 소리, 윙윙거리는 소리, 쿵쿵 소리를 사용해서 서로 의사소통을 해. 각각의 돌고래는 나름의 특징적인 휘파람 소리를 내는데, 이게 이름 같은 역할을 한대.

돌고래의 권리

인도에서 돌고래는 공식적으로 비인간 인격체로 인정받았어. 비인간 인격체는 생명과 자유의 권리를 항상 존중받아야 하는 존재를 뜻해.

아니지만, 사람이야

동물

돼지는 위를 볼 수 없어

돼지의 후각은 인간보다 2000배 정도 더 예민하대! 이 굉장한 후각 때문에 돼지가 먹이를 찾아서 땅에 코를 대고 킁킁거리다가 거길 파는 모습을 자주 볼 수 있는 거야.

이 환상적인 후각이라는 선물은 돼지에게 커다란 육체적 단점도 줬어. 돼지는 머리를 15도 이상 들어 올릴 수 없어. 그 말은 고개를 약간은 들 수 있지만 하늘의 구름을 바라볼 만큼 들지는 못한다는 거야. 올려다보는 대신에 돼지는 앞발을 올려서 몸을 들어올려 더 높이 보거나 등을 대고 누워서 위를 볼 수 있어. 그래도 걱정하지 마. 돼지는 별로 신경 쓰지 않는 것 같아. 녀석들은 대체로 땅에 있는 간식을 찾는 데 더 관심이 있거든.

같이 해볼까?
나침반이나 각도기를 사용해서 15도를 측정해봐. 그리고 돼지가 되었다 생각하고 그 각도 이상 고개를 들지 말아봐. 돼지의 시야가 얼마나 좁은지 확인하는 거야.

돼지는 친절해

돼지는 굉장히 사교적인 동물이고, 다른 돼지들 및 동물들과 아주 친밀한 관계를 이뤄. 돼지는 아주 좋은 친구라서 몸을 따뜻하게 하기 위해서 서로 껴안는 것도 좋아하지.

영리한 녀석

고개를 들어 올리지 못한다고 해서 돼지가 영리하지 않은 건 아니야. 돼지는 가장 똑똑한 동물 중 하나로 여겨져. 녀석들은 개와 침팬지보다 더 영리하다고! 심지어 두 살배기 인간 아기 수준의 지능을 갖고 있는 것으로 보여.

2,000,000,000

전 세계에는 모두 20억 마리의 돼지가 있어. 덴마크는 인구는 600만 명인데, 돼지는 약 1800만 마리가 있어. 사람보다 돼지가 세 배나 더 많은 거지!

돼지는 굉장히 사교적이고 굉장히 말이 많아서 꿀꿀거리는 소리로 서로 의사소통을 해. 돼지가 꿀꿀거리는 소리는 다른 동료들에게 자신의 상태를 알려주는 거고, 돼지의 성격에 따라서 꿀꿀 소리는 꽤 다양해.

동물

부엉이 다리는 길어

동물의 세계에서는 많은 것들이 보기랑은 달라. 부엉이도 예외는 아니야. 부엉이의 엉덩이 깃털을 들어 올리면 굉장히 길고 날씬한 다리가 나타날 거야.

통째로 꿀꺽

부엉이는 이가 없어서 먹이를 통째로 삼켜. 털, 피부, 뼈까지 전부 다.

다리 근육

부엉이는 뛰어난 사냥꾼이고, 녀석의 강력한 움켜잡기 기술은 다리 근육의 힘에서 나와. 녀석들의 긴 다리는 먹이를 잡는 데 도움이 돼!

꽉 잡아

부엉이의 발을 대지족이라고 하는데, 가운데 발가락 2개는 앞쪽으로 나 있고, 바깥쪽 발가락 2개는 뒤쪽으로 나 있어서 서로 마주 본다는 뜻이야. 그래서 먹이를 단단히 쥘 수 있어. 하지만 대지족의 다른 새들과는 다르게 부엉이는 발가락 1개를 뒤에서 앞으로 가져와서 걷거나 나무 위에 앉을 수 있어.

지구상에 존재하는 가장 큰 동물은 포도보다 큰 건 삼키지 못해

흰긴수염고래는 명백한 바다의 왕이야. 흰긴수염고래는 육지와 바다에서 가장 컸던 공룡들보다도 세 배나 더 크고, 오늘날 살아 있는 다른 모든 동물보다 커. 이렇게 거대한 생물체라면 비슷하게 커다란 음식을 먹을 거라고 생각할 수도 있지만, 그렇지는 않아.

흰긴수염고래는 지구에서 가장 크지만 목구멍은 아주 작아서 포도보다 더 큰 건 삼키질 못해. 하지만 흰긴수염고래가 먹는 양만큼은 엄청나!

간식 사냥

흰긴수염고래의 주식은 크릴이야. 이 초소형의 분홍색 새우 같은 생물은 고래의 좁은 식도를 아주 쉽게 넘어가. 고래의 간식거리인 이 크릴은 배부를 정도의 숫자로 무리 지어 다니곤 하는데, 어떤 군집은 무려 9000만 킬로그램이나 돼. 이건 대충 흰긴수염고래 643마리 정도의 무게야!

신나게 먹기

여행하고 새끼를 낳을 때 흰긴수염고래는 가끔씩 6~8개월 동안 거의 굶으면서 지내. 이미 예상할 수 있겠지만, 이 배고픈 고래들이 크릴이 가득한 물속으로 돌아갈 일이 생기면, 녀석들은 참지 않아. 먹이철 동안 흰긴수염고래는 하루에 4000만 마리 이상의 크릴을 먹어. 그건 4000킬로그램 정도의 음식이야!

커다랗게 벌려

이렇게 엄청난 양의 크릴을 삼키기 위해서 흰긴수염고래는 그 커다란 입을 쩍 벌리고 어마어마한 양의 새우 칵테일을 통째로 삼켜. 그 과정에서 물도 대량으로 삼키는데, 2800킬로그램의 혀로 걸러내지.

15cm

2500cm

71

동물

모든 개의 공통 조상은 회색늑대야

반려견 놀이터에서 5분만 있으면 인간의 가장 친한 친구가 엄청나게 다양한 모양과 크기, 색깔과 털을 갖고 있다는 걸 알게 될 거야. 사실 개는 340종이 넘어! 이 모든 서로 다른 종이 회색늑대라는 공통 조상의 후예라는 건 굉장히 놀라운 일이야.

영리한 녀석

이 멍멍이들이 왜 가축화되었는지는 여전히 잘 몰라. 한 가지 가설은 개들의 조상인 늑대가 인간 수렵-채집인들이 사는 곳 근처로 가서 남은 음식을 훔쳐먹다가 친해지게 되었다는 거야. 유순해지고 공격성이 줄어든 늑대들이 가장 성공적으로 인간 옆에서 살아남게 되었을 거고, 이로 인해 새로운 인간 친구들 옆에서 어떻게 행동하면 되는지 알게 됐겠지. 영리한 녀석들이야.

함께 살았어

과학자들은 개들의 공통 조상이 약 3만 4000년 전 유럽이나 아시아에 살던 선사시대 늑대일 거라고 생각해. 3만 3000년 된 개의 두개골이 인간이 살았다고 밝혀진 동굴에서 발견되었거든. 이 증거는 개들이 가축화된 첫 번째 종이고, 인간이 아직 농경문화를 만들기도 전부터 우리 옆에서 진화하기 시작했음을 알려줘!

인간의 절친

우리의 수렵-채집인 조상들은 차츰 늑대와 공생 관계를 갖게 되었을 거야. 남은 음식을 주고, 사냥 및 다른 동물들을 쫓는 데 도움을 받는 식으로. 시간이 흐르면서 이 관계가 늑대들을 진화시켜서 현대의 동물 친구로 만들어줬겠지. 사실 개에 대한 선발 번식을 통해 우리가 오늘날 아는 광범위한 종들이 만들어졌어. 개와 우리의 긴 관계가 발전하는 동안 우리는 개의 진화에 직접적으로 영향을 미쳤던 거야.

동물

개미는 지구를 정복했어

종으로서 인간은 좀 잘난 척을 할 만해. 우리가 우리 자신을 지구의 지배종으로 여기고 있는 건 확실해. 우리는 78억 명이 좀 넘는데 사실상 지구 전역에 문명을 만들고 필요에 맞춰 땅을 개발해왔으니까.

하지만 사실 이미 주도권을 쥐고 있는 다른 종이 있다는 거 알아? 다만 그쪽은 그 지배력을 은밀하게 유지하고 있어. 개미는 이미 지구를 마음대로 조종하고 있어. 숫자 면에서 개미는 10,000,000,000,000,000마리쯤 돼. 어떻게 읽는지 모르겠지? 1경이라고 읽어. 지구에는 이만큼 많은 개미가 있는 거야! 이 상상할 수 없는 숫자를 해석하자면, 사람 1명당 개미 130만 마리가 있는 셈이야.

모든 건 동등해

혹시 인간이 개미보다 더 커서 인간이 지배종이 된다고 생각해? 틀렸어. 지구 모든 개미의 무게와 인간의 무게를 비교하면, 이 두 생물량이 동등하다는 걸 알게 될 거야.

개미굴에서의 활동

우리 발밑에 사는 개미들은 엄청나게 똑똑해. 개미 한 마리 한 마리는 그렇게 영리해 보이지 않지만, 집단이라는 면에서 개미는 집단지성으로 아주 까다로운 문제도 풀 수 있어. 인간처럼 개미 군집에는 주변 세상을 바꾸는 힘이 있어. 녀석들은 땅속에 크고 정교하고 서로 연결된 방들을 만들어. 함께 일하고 임무를 번갈아 바꿔가면서 말이야.

어디에나 있어

개미는 숫자 면에서 어마어마할 뿐만 아니라 어디에나 있어! 사하라 사막부터 북극권 한계선 부근까지, 자연계의 다양하고 극단적인 지역에서 살아남을 수 있지. 이런 녀석들의 능력으로 볼 때 지구의 모든 육상에 개미가 있다는 건 별로 놀랄 일도 아니야.

타고난 생존자

인간은 지구에 영원히 살았던 것 같지만, 우리가 존재한 20만 년은 개미에 비하면 아무것도 아니야. 개미는 1억 3000만 년 동안 지구에서 공룡과 함께 살고, 그 공룡들을 멸절시킨 대멸종에서도 살아남았거든! 개미 님께 모두 경례!

동물

코알라의 지문은 인간이랑 거의 같아

경찰이 동물원 코알라 우리 안의 범죄 현장을 조사한다면, 엄청나게 힘들어질 거야. 거기서 발견된 지문이 인간의 것인지 코알라의 것인지 구분하는 게 끔찍할 정도로 어렵거든. 코알라와 우리의 지문은 굉장히 비슷해서 현미경으로 볼 때 그 독특한 소용돌이 무늬를 분간하기가 어려워.

지푸라기 잡기

코알라만 독특한 지문을 갖고 있는 동물은 아니야. 침팬지와 고릴라처럼 인간의 가까운 친척들에게도 지문이 있어. 지문이 있으면 물건을 잡을 때 아주 유용하고, 촉각을 더 예민하게 만들어서 물체를 쥐고 만졌을 때 더 세세한 감각을 느낄 수 있지.

코알라는 먹는 것을 굉장히 가려. 녀석들이 선호하는 메뉴는 특정한 나이대의 유칼립투스 잎이야. 코알라는 지문 덕분에 먹기 전에 음식을 아주 자세히 살필 수 있어.

손가락 끝부분을 잘 살펴봐. 지문은 각 손가락 끝에 있는 작은 고랑과 소용돌이, 반복 무늬야. 같은 지문을 가진 사람은 인간에서도, 동물에서도 발견된 적이 없어! 지문은 누가 가졌는지에 상관없이 사실상 유일무이해. 하지만 그렇다고 해서 100% 유일무이하다는 건 아니야. 네 지문이 다른 사람의 지문과 정확하게 일치할 가능성이 640억 분의 1만큼은 존재해!

나뭇잎 먹기

코알라는 식욕이 강해서 하루에 유칼립투스 잎을 1킬로그램까지 먹을 수 있어!

동물

까마귀는 절대로 얼굴을 잊어버리지 않아

까마귀를 절대, 절대로 화나게 만들지 마. 특유의 얼굴 인식 시스템 때문에 이 대단히 영리한 새들은 널 자기들의 나쁜 놈 목록에 곧장 올려놓을 테니까.

> 까마귀에게는 굉장히 복잡한 퍼즐을 분석하는 능력이 있어. 가끔은 특정 순서로 해결해야 하는 여러 조각의 퍼즐도 포상을 받으려고 해내기도 해.

도구를 사용해

까마귀는 심지어 도구도 사용할 수 있고, 원하는 결과를 얻기 위해서 여러 개의 도구를 합쳐서 쓸 수도 있어. 이 똑똑한 새들이 나무에서 잔가지를 부러뜨리고 껍질과 잎을 제거한 다음에 고리 모양을 만들어서 좁은 곳에서 음식을 꺼내는 도구를 만드는 모습이 목격된 적도 있어!

그리고 원한도 잊지 않지

까마귀는 너를 다시 만나면 알아볼 뿐만 아니라, 그 놀라운 기억력으로 네가 그들을 괴롭힌 날부터 최대 5년까지도 네 얼굴을 기억할 수 있어. 그리고 원한을 품고 있을 뿐만 아니라 친구들 모두에게 네 이야기를 할 거라고!

반짝반짝 행복한 사람들

자신들을 화나게 한 사람에게 원한을 갖는 것뿐만 아니라 까마귀는 자기들에게 잘해준 사람도 기억한대. 자기들에게 정기적으로 음식을 주는 사람한테 반짝이는 물건을 선물로 준다고도 해. 훌륭한 투자야!

놀이 시간

다른 많은 영리한 동물들처럼 까마귀도 노는 걸 좋아해. 심지어는 눈 쌓인 지붕에서 플라스틱 판을 이용해서 스노보드를 타는 모습이 목격된 적도 있어!

동물

젖소에겐 절친이 있어

들판에서 젖소 떼를 보면 대체로 차분하고 평온한 분위기야. 평화롭게 서거나 앉아 있고, 느긋하게 풀을 뜯어 먹는 젖소들, 이런 장면을 보고서 우리는 젖소들이 별로 생각하는 게 없는 단순한 삶을 살 거라고 여기곤 해. 하지만 전혀 그렇지 않아. 젖소는 사실 굉장히 사교적인 동물이고, 서로에게 강한 감정을 가져. 심지어는 제일 친한 친구도 있어!

스트레스를 받아

젖소는 친한 친구와 헤어지게 되면 스트레스를 받아서 심박수가 올라가. 헤어지는 기간이 너무 길어지면 우유 생산량에 영향을 미칠 수도 있어! 친구랑 다시 만나면 심박수가 낮아지고 우유의 양도 정상으로 돌아가지. 행복한 젖소의 행복한 삶!

1,500,000,000

오늘날 전 세계에는 15억 마리의 젖소가 있어.

나에게 사랑을 줘

이름을 붙여주고 애정을 듬뿍 준 젖소는 우유 생산량이 더 높아지는 걸로 애정에 보답한다는 걸 알아?

동물

코알라
이 신중한 유대목 동물은 매일 20시간에서 22시간쯤 잠을 자.

나무늘보
이 느린 나무 위의 동물은 매일 40번 이상 윙크를 하고 20시간쯤 잠을 자.

어떤 동물들은
거의 평생 잠만 자

갈색박쥐

쥐 같은 귀를 가진 이 초소형 박쥐는 거의 종일 거꾸로 매달려서 잠을 자고 있어. 가끔은 최대 20시간까지도 그렇게 자.

왕아르마딜로

이 두꺼운 갑옷을 입은 동물은 매일 피곤한 머리를 바닥에 대고서 18시간쯤 자.

인간은 약 8시간 정도 잠을 자곤 해. 인생의 3분의 1을 자는 데 쓰는 셈이야. 이게 엄청 긴 시간처럼 느껴질지 모르지만, 거의 평생을 무의식의 세계에서 보내는 어떤 동물들과 비교하면 아무것도 아니라니까!

동물

웜뱃은 주사위 똥을 싸

웜뱃은 우리가 아는 동물 중에서 유일하게 정육면체 모양의 변을 보는 동물이야. 똥이 주사위 모양이야! 녀석들은 굉장히 건조하고 조그만 똥 주사위를 가는 데마다 남겨놔. 작은 벽돌 집을 지으려고 그러는 게 아니라 자기 영역을 표시하고 다른 웜뱃들과 의사소통을 하기 위해서야.

장 때문이야

이렇게 주사위 모양 똥을 누는 이유는 웜뱃의 불규칙하게 생긴 장 때문이야. 웜뱃의 장은 엄청나게도 길이가 9미터나 돼! 인간보다도 훨씬 길고 큰 셈이고, 웜뱃의 조그만 크기를 생각하면 완전 이상한 일이야. 음식이 웜뱃의 긴 뱃속을 지나가는 동안에 올록볼록 홈이 있는 장이 그걸 똥 주사위로 만들어.

웜뱃이 음식을 소화하는 데는 엿새가 걸려.

어기적 어기적

음식을 먹거나 똥을 누지 않을 때면 웜뱃은 어기적어기적 주위를 걸어다녀. 하지만 위협을 받으면 녀석들은 엄청 서둘러. 웜뱃은 시속 40킬로미터까지 뛸 수 있고, 이렇게 속도를 올리는 데 최대 90초 정도 걸려!

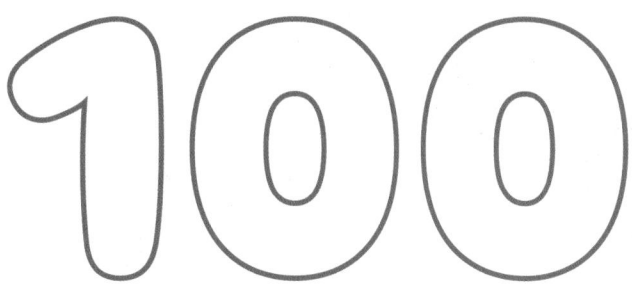

웜뱃은 하루에 100개의 똥 주사위를 눠.

거대 주사위

250만 년 전에 오스트레일리아의 웜뱃은 좀 다르게 생겼었어. 코뿔소만큼 컸어! 이 거대 웜뱃은 디프로토돈이라고 부르는데, 무게는 무려 2700킬로그램이나 나갔고, 코에서 꼬리까지는 4미터 정도였어. 그러면 똥 주사위는 도대체 얼마나 컸을까?

동물

바다거북은 아주아주 오랫동안 우리 곁에 있었어

공룡이랑 바다거북이 실제로 같은 시대에 살았다는 건 굉장히 놀라운 일이야. 바다거북은 오늘날까지도 전 세계의 바다에서 행복하게 헤엄치고 있어. 그 말은 이 놀라운 생물체가 공룡을 이겨내고 더 오래 살아남았다는 뜻이야. 정말 대단해!

꼭 닮은 자손

화석을 보면 바다거북이 1억 1000만 전에 처음으로 헤엄을 치기 시작했다는 걸 알 수 있어. 이 헤엄치는 거북이들은 2억 3000만 년 전쯤에 존재했던 육상 거북과 민물 거북의 후손이야. 이걸로 거북이는 살아 있는 다른 모든 네발동물들과 비교해서 더욱 오래된 화석 기록을 갖게 됐지.

제일 앞자리

진화적으로는 비교적 큰 변화가 없었지만, 거북이는 깃털 달린 공룡이 조류로 진화하는 것이나 초기 포유류가 코끼리, 고래, 박쥐, 심지어는 사람으로 변하는 발달 과정처럼 놀라운 변화를 목격했어! 거북이는 진화라는 쇼에서 제일 앞자리를 차지하고 있던 거야!

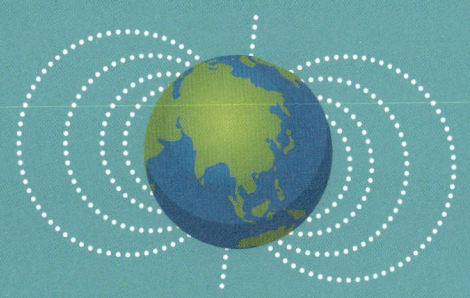

자기장을 이용해

바다거북의 뇌 속에는 나침반이 있어. 녀석들은 지구의 자기장을 이용해서 바다 건너 먼 곳까지 방향을 잡고 갈 수 있고, 가끔은 매년 1만 6000킬로미터까지도 가.

100

바다거북은 100년이나 살 수 있어. 또 녀석들이 둥지를 틀 때마다 100개의 알을 낳기도 하지.

찾아보기

ㄱ
간상세포 26
갈색박쥐 83
감각말단 26
거울-촉각 공감각 13
공간-배열 공감각 13
공감각 13
광자 38

ㄴ
뇌반구 절제 17
뉴런 16 45

ㄷ
도파민 37
디옥시리보핵산(DNA) 20 21
땀샘 33

ㄹ
락토스 40

ㅁ
멜라닌 39
문자소-색재 공감각 13
밀랍 53

ㅂ
벌루닝 57
분비샘 53
비장 34 35

ㅅ
색환각 13
선발 번식 72
소화액 57
수분 52 58
신경세포 16

ㅇ
아드레날린 29
양성자 22
양전하 22
엔돌핀 37
왕아르마딜로 83
원자 22
원자핵 23
유당불내증 40 41
육감 27
음전하 22
이중 나선 구조 20
임펄스 31

ㅈ
자각몽 15
자기장 87
잠수 반사 35
저항력 51
전자 22
중력장 26
중성자 22
지문 19 76 77
집단지성 75

ㅊ
청사진 20
추상세포 26

ㅋ
카이팅 57
크립토페이시아 19

ㅌ
텔레파시 64

ㅍ
플라시보 효과 36 37

ㅎ
항력 51

잘 가

재미있게 읽었어?
머릿속에서 환상적인 새로운 사실들과
숫자들이 펄쩍펄쩍 날뛰고 있어?
모든 걸 다 이해하지 못한다 해도 걱정하지 마.
공부할 때 가장 멋진 게 바로 이런 거니까.
가끔은 이해하는 데 시간이 걸려도,
언제나 노력할 만한 가치가 있거든!

우리가 사는 우주에는 늘 새로운 배울 거리가 있어.
그러니까 눈과 귀를 항상 열어둬.
뭔가 새롭고 근사한 걸 발견한다면,
다른 사람에게도 꼭 이야기해주길 바라.

그럼 우선은 작별이야. 안녕.

지음 댄 마샬

댄은 어릴 때부터 그림을 그려왔으며, 창의적인 그래픽디자인과 삽화로 지식과 정보를 시각적으로 전달하는 작가예요. 그의 작업물은 시드니 오페라 하우스, 오스트레일리아 박물관, 페이스북 등에서 사용되었어요.
댄의 첫 번째 책은 《Mind Blown》이에요. 이 책은 그래픽디자인으로 기묘하고 복잡한 우주의 주제를 표현한 댄의 깊은 호기심과 열정 덕에 많은 사람에게 인기를 끌었어요. 댄의 두 번째 책은 0세부터 3세 어린이를 위한 《Look Book》이고, 《우주에는 환상적인 사실과 숫자들이 날뛰고 있어!》는 댄이 지은 세 번째 책이랍니다.

옮김 김지원

서울대학교 화학생물공학부와 동대학원을 졸업하고 서울대학교 언어교육원 강사로 재직했으며, 현재 전문 번역가 겸 작가로 활동하고 있어요.
옮긴 책으로 《벨 그린》, 《모든 것에 화학이 있다》, 《어쩌다 숲》, 《산책자를 위한 자연수업 1·2》, 《동물의 운동 능력에 관한 거의 모든 것》, 《잘못은 우리 별에 있어》 등이 있고, 엮은 책으로는 《바다기담》과 《세계사를 움직인 100인》 등이 있어요.

우주에는 환상적인 사실과 숫자들이 날뛰고 있어! ❷

초판 1쇄 발행 **2024년 1월 3일**

지은이 **댄 마샬** 옮긴이 **김지원**
펴낸이 **정미화** 기획편집 **정미화 정일웅** 디자인 **조수정**
펴낸곳 **이케이북㈜** 출판등록 제2013-000020호 주소 서울시 관악구 신원로 35, 913호
전화 02-2038-3419 팩스 0505-320-1010 홈페이지 ekbook.co.kr 전자우편 ekbooks@naver.com

ISBN 979-11-86222-55-3 74400
　　　979-11-86222-53-9 (세트)

* 이 책은 저작권법에 따라 보호받는 저작물이므로 무단 전재와 복제를 금합니다.
* 이 책의 일부 또는 전부를 이용하려면 저작권자와 이케이북㈜의 동의를 받아야 합니다.
* 잘못된 책은 구입하신 곳에서 바꿔드립니다.

홀리와 밀리, 위니를 위해서
사랑한다

우주에는 환상적인 사실과 숫자들이 날뛰고 있어!

❶ 우주와 지구

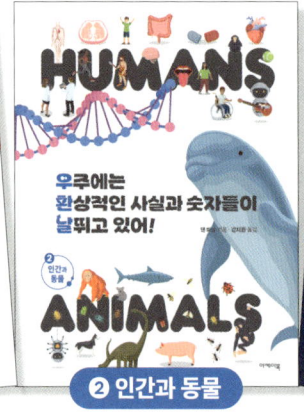
❷ 인간과 동물

❸ 과학과 수학

로봇 조수 클라우스와 함께 떠나는 우주 발견 여행

우리 주변의 기이하고 경이로운 이야기

우리가 사는 세상을 이해하기 위해서는
어마어마하게 놀라운 상상력과 우주보다 더 큰 숫자들이 필요해!

너 혹시 알아…?
천왕성은 우주로 기체를 뿜어낸다는 걸?
하품은 평균 6초 동안 한다는 걸?
지구에 3조 그루가 넘는 나무가 있다는 걸?
거미의 줄은 강철보다 다섯 배 더 강하다는 걸?
자전거가 혼자서 갈 수 있다는 걸?

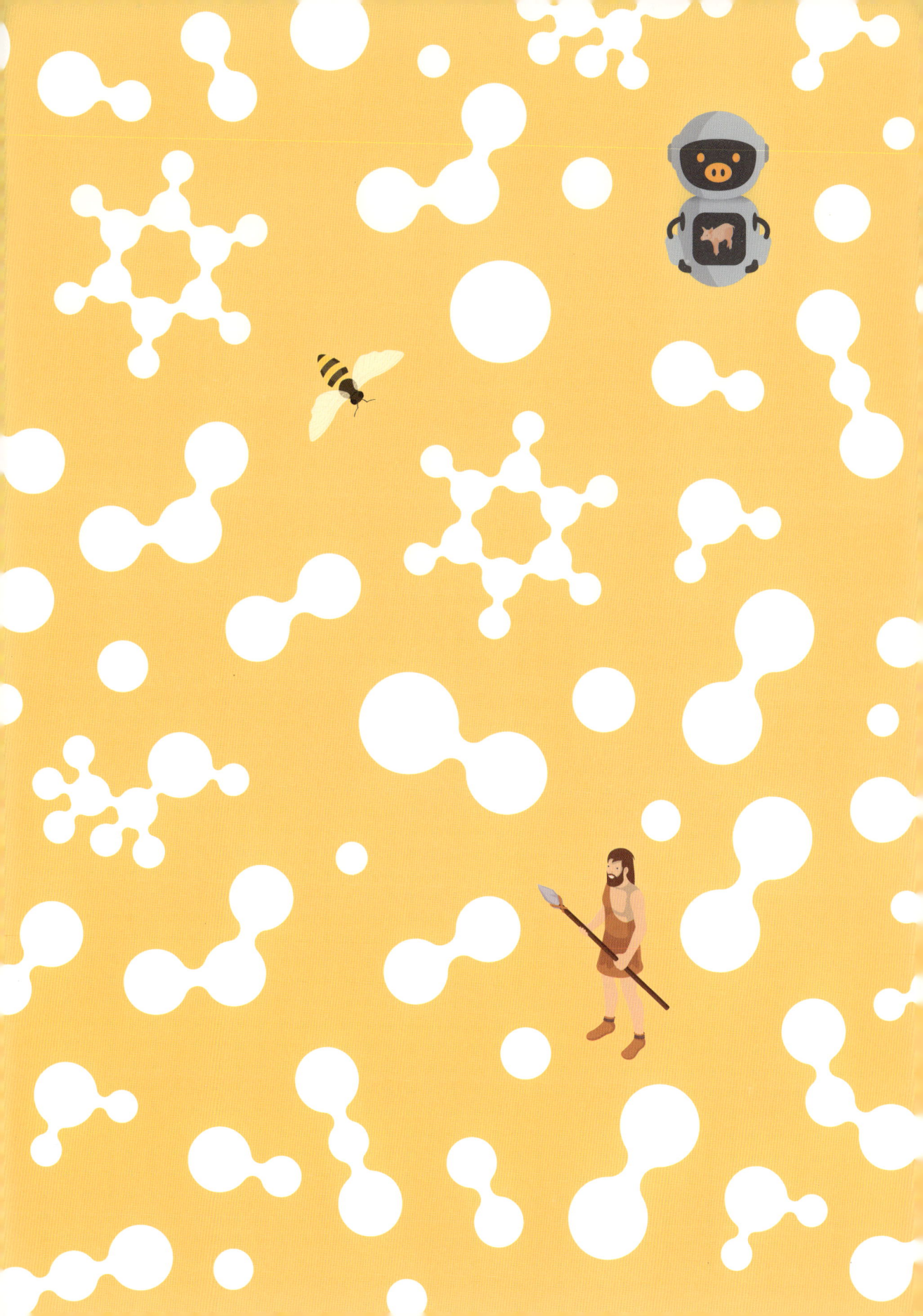